中國水利博物館

《水利遺産保護與傳承》項目成果

# 漢志水道疏證

(清)洪頤煊　著　胡正武　校點

ZHEJIANG UNIVERSITY PRESS
浙江大學出版社

# 校點説明

洪頤煊（一七六五—一八三七），字旌賢，號筠軒，晚號倦舫老人，清浙江省台州府臨海縣（今浙江省臨海市）人。少時與兄坤煊、弟震煊皆致力于研經考史之學，時有“三洪”之目。後其兄坤煊英年而逝，與弟震煊被稱爲大小“二洪”。嘉慶二年（一七九七）著名學者浙江學政阮元視學台州，嘉其兄弟好學有識，親書“鄂不館”額以贈之，并檄調洪頤煊與洪震煊入省城杭州敷文書院肄業。在杭州求學深造期間，兄弟倆幫助阮元編纂《經籍籑詁》，主其事者臧鏞堂有“大洪淵博、小洪精鋭，兩君卓識，吾不及也”之評。不久阮元陞任浙江巡撫，在原先編纂《經籍籑詁》之地創辦詁經精舍，并與著名學者王昶（蘭泉）、孫星衍（淵如），三人迭爲主講（即山長），洪頤煊昆仲成爲首届學生，以精于古學，撰著古書甚多，又甚得阮元、王昶、孫星衍諸師友賞識勗勉，其才其學在學林中遂聲名鵲起。嘉慶辛酉（一八〇一），洪頤煊爲浙江學使劉信芳取充選拔科（拔貢生），翌年入都應朝考，未中式，南歸途中先在河北藁城逗留三年，充任經師，此後前往山東德州平津館，投奔詁經精舍業師時任山東督糧道孫星衍，遂留館于孫星衍德州使署七年，助孫氏編校書目，考證金石，編纂叢書等事，并復入京師謁選。後以累薦不得售，援例入貲就直隸州州判，簽發廣東試用，歷署羅定州州判及新興縣事。適值阮元調任兩廣總督，深知洪頤煊爲人短于吏治而長于文學，遂邀與隨轅爲巡捕官。彼此不以名位論尊卑，仍以師弟之禮待之，暇時輒相與談經辨史。在粤期間，平日讀書買書著書，從無虚時。道光七年（一八二七）恩師阮元調任雲貴總督。洪頤煊于官衙事畢，見廣州市面上書籍古董甚多，其價亦不甚昂，因于廣東收購書籍、金石，爲歸里之計。《清史稿・洪頤煊傳》載："性喜聚書，廣購嶺南舊本至三萬餘卷；碑版彝器，多世所罕覯。"道光八年（一八二八）回歸鄉里，優遊林下，仍然研經辨史，手不釋卷，勤于筆耕。自稱爲餬口計，飢驅南北，而考據文史，著書不休，既是學術興趣，更是職業所在。其一生著述頗豐，内容廣涉經、史、子、集，其中考據之作占三分之二左右。著有《筠軒詩鈔》《筠軒文鈔》《台州札記》《平津讀碑記》《孔子三朝記注》《管子義證》《漢志水道疏證》《讀書叢録》《禮經宫室答問》《校正竹書紀年》（曾名《竹書紀年考證》）《校正穆天子傳》《經典集林》《孝經鄭注補證》《尚書洪范五行傳論集本》《諸史考異》（以上爲已經刊刻著作）和《倦舫書目》《倦舫碑目》《平津筆記》（以上爲未刊著作）等二十餘種〔一〕，一百八十餘卷。《清史稿・文苑三》有傳。

洪頤煊年代晚于王昶、段玉裁、王念孫、孫星衍等，而與阮元、王引之、臧庸等"年相若"，親承乾嘉學派諸大師之餘緒，復得承阮、王、孫諸師耳提面命，親接謦欬，加之長期入于孫、阮幕中，其所交遊多爲孫、阮"朋友圈"内師生友好，以吴、浙、皖人物爲盛，而尤以吴派學者爲多。洪頤煊遵從師教，繼承乾嘉學派衣鉢，并在樸學研究上有所創新與發展。簡而言之，洪頤煊一生經歷坎坷，仕途蹭蹬，沉淪下僚，然窮且彌堅，老當益壯，治學不休，勤苦自勉，著作等身，影響深遠，終成大器。綜而論之，洪頤煊在學術研究與成果撰寫上主要集中于杭州詁經精舍深造以後，可謂高峰迭起，收官圓滿。

第一個高峰是進入平津館時期。自到山東德州投奔孫星衍爲幕賓之後，孫氏平津館内藏書極夥，令洪大開眼界，又以在孫星衍身邊，繼杭州詁經精舍之後得到孫師教誨之便，加上洪氏自己孜孜不倦，積學致精，治學境界明顯提高。據洪頤煊《倦舫書目》自序説，他在平津館讀書治學如魚入水，"盡窺書之藩籬"，在館中爲孫氏編撰《孫氏書目》（即《平津館鑒藏書籍記》），助孫氏撰寫經學代表作《尚書今古文注疏》三十九卷，校訂古書，并準備撰寫《五經異義補正》，助編《平津館叢書》，整理金石碑版等事。洪頤煊根據孫氏所藏碑刻銘文，詳加考證，以碑證史，以史考碑，撰有著名金石考據代表作《平津讀碑記》十二卷（含《續記》《再續》《三續》），考核精切，辯論詳明。著名金石學家翁方綱序中評説此書可與錢大昕《金石跋尾》相匹敵，甚至比王昶《金石萃編》更精密。如今人霍德柱《〈吊比干墓文〉考釋》就引用《平津讀碑記》："本碑多異字，'執垂益而談卡兮'，近時德州新出《高貞碑》云'清暉發于載卡'，'卡'是'弄'字，此復借'弄'作'筭'。"洪自己回憶起治學經歷時説"台州僻處海濱，聞見有限"，他後來之所以成爲考據學家與藏書家，是因爲在孫氏平津館見識大增。因此《平津讀碑記》之作乃是洪頤煊心無旁騖，焚膏繼晷而成，堪稱金石考據豐碑，極具考經通史之價值。近年被收入《浙學未刊稿叢編》洪頤煊之《平津筆記》八卷，"每卷各録多條學術考證""内容博雜"（《平津筆記》八卷提要），當屬此期所作。又如洪頤煊諸子學代表作《管子義證》（自序作于嘉慶壬申三月十二日，一八一二），是綜合孫星衍、王念孫、王引之諸名儒碩望研究之心得，參以己見，融會而成，遂成爲清朝《管子》研究經典之作。王念孫後來著作《讀書雜誌・讀管子雜誌》時又從《管子義證》中吸收成果，王説："而又與洪氏筠軒稽合異同，廣爲考證，誠此書之幸也。及余《淮南子》校畢，又取《管子》書而尋繹之，所校之條差增于舊。歲在己卯，乃手録前後諸條，并載劉氏（指明朝劉績——引者）及孫、洪二君之説之最要者，凡六百四十餘條，編爲十二卷。”（王念孫《讀書雜誌·讀管子雜誌序》）此乃洪頤煊與王氏父子學術交往上最具深度者，在學術史上留下一段頗堪垂鑒後昆之佳話。在平津館期間，洪頤煊又完成古書輯佚著作《經典集林》、經學著作《孔子三朝記注》（嘉慶十六年，一八一一）、《禮經宫室答問》（自序作于嘉慶壬申三月五日，一八一二）等書。洪氏自己在有關文字中亦有記載，“及壯，遨遊吴越，來往燕齊，蹋通德之門，窺禮堂之奥，左右采獲，漸成撰述”（《讀書叢録》自序），可見平津館階段潛心校書是洪氏學術生涯中成績斐然之期。

第二個高峰是任職廣東時期。自嘉慶十九年（一八一四）以直隸州州判分發廣東，洪頤煊除短期擔任羅定州州判、署理新興縣事外，一直在做“替補隊員”角色，直到嘉慶二十二年（一八一七）十月阮元調任兩廣總督，延引洪頤煊入幕爲巡捕官，待以師弟之禮，處境有所改善，令洪益加奮發刻苦，閉門著書。若《平津讀碑記》續（自序作于嘉慶廿一年三月十七日羊城官舍，一八一六）、《讀書叢録》二十四卷（道光元年，一八二一作序，翌年正月刊行）、《國朝名人詞翰》二卷（道光三年，一八二三）、《倦舫法帖》八册（道光四年，一八二四）。同時，洪頤煊將此前著述及其父、兄弟著述未刊行者，編輯整理，交付剞劂，其中如舊著《管子義證》八卷刊刻成書（嘉慶廿四年，一八一九）、整理自作詩歌編爲《筠軒詩鈔》四卷（嘉慶廿三年，一八一八），刊刻乃父洪枰《雪薀老人詩稿》四卷成書（嘉慶廿五年，一八二〇），《傳經堂叢書》本）、兄坤煊《地齋詩鈔》二卷、弟震煊《楙堂詩鈔》一卷（未見刊刻年月，姑附于此）等。此期著述以《讀書叢録》最爲重要，此書初版于道光二年（一八二二）正月初吉，廣東省城西湖街富文齋刊行，凡二十四卷，其中卷一至卷八爲群經，卷九至卷十二爲小學，卷十三至十六爲子部，卷十七至二十三爲《史記》與兩《漢書》，卷二十四爲宋元刊本。其内容與王念孫《讀書雜誌》、錢大昕《十駕齋養新録》諸書同類。宋翔鳳《洞簫樓詩紀》卷二載有宋氏爲洪頤煊所作《讀書叢録序》一篇，其中稱："而《讀書叢録》一篇，尤其菁華薈萃，條例明白者也。以今日遠于古，匪古無以證今。然習一方之語言，持鄉壁之論議，則九流有山川之隔，六藝在百世以上。今觀君爲讀書之法，悉究諧聲之本，深明假借之用，紛綸斷闕，旁推交通，千古絶纘，語于一堂。遂綜所言，録之以筆，神明其意，極乎無窮，誠能得其本原，自非涉其糟粕。"揭示洪頤煊以小學爲利器，考證語言文字之異同流變，神明其意，極乎無窮之用。亦即洪頤煊自序所言"證其異同，辨其得失，以聲音文字通其原，以轉寫譌舛窮其變"。清人李慈銘稱讚洪頤煊《讀書叢録》校勘識力之精深逸出常倫。李氏在《越縵堂讀書記》三《歷史・後漢書》中記載："予于戊午日記，曾疑東漢《袁閎傳》言字夏甫，而《黄憲傳》又稱其字奉高，謂古人有二字，始見于此。今閲洪氏頤煊《讀書叢録》，言奉高是袁閬字……予于各史自謂于范書最留意，乃亦未曾檢出，看書滷莽，深可媿汗。自來讀史者無人糾及，詩文家遂相承用，以奉高爲袁閎。夫古人無二字，《閎傳》又言其恬静不事交遊，後遂居土室不出，固與《黄憲傳》中所言不符。顧非經洪氏指出，世無覺者。甚矣讀書之難也！"（咸豐辛酉六月十二日筆記，一八七二）李氏盛讚者見《讀書叢録》卷二十三"袁奉高"條。《續修四庫提要》云："其例嚴而其義慎，其考詳而其訂約。方之錢氏竹汀，王氏石臞，殆亦無多讓焉。"即謂此書與錢氏《十駕齋養新録》、王氏《讀書雜誌》可以相提並論，是清朝繼錢、王之後群書考據之名著。至于《倦舫法帖》八册，係與其子瞻墉將家藏前賢今人書翰，擇其尤者如明朝李應楨、祝允明、文徵明，清朝毛奇齡、李因篤、尤侗等百家編成此帖，且因地利、取材及刻工之便，以廣東端州石摹刻之，在中國書法史上亦應居有一席之地。

結尾圓滿。戊子年（道光八年，一八二八）底洪頤煊辭廣東之任返回台州府城臨海之後，仍然以書爲伴，手不釋卷，筆耕不輟。此間著述中以記載台州地方文史考據材料爲主之書《台州札記》，尤以考證中國正史力作《諸史考異》最爲重要。另有整理家中藏書及金石書畫目録之類，若《倦舫書目》九卷（道光十二年，一八三二），《倦舫碑目》六卷（著述年月不詳，但爲洪頤煊生前完稿），《倦舫金石書畫目録》三卷（未詳撰著年月），續寫《平津讀碑記》三續等書。《台州札記》成書于道光十三年（一八三三）十月廿六日，洪頤煊自序云："余髫年喜聚台州掌故，後遊學四方，棄去弗録……于是重爲搜輯，略加考證，宋元以前擇其雅訓足補郡志之缺者，編爲十二卷，題曰《台州札記》。凡近人府州縣志以及諸家族譜所載鄉里傳聞，不敢闌入。"《諸史考異》十八卷于道光十六年（一八三六）八月完成，洪氏自序云："嘉定錢氏大昕撰《廿二史考異》，參互考校，精審不苟。余向亦留心史學，《史記》、兩《漢（書）》三史，間有所見，已載入《讀書叢録》中。戊子冬杪，自粤歸里，寒廬多暇，復取《三國志》以迄南北史，條其異同，辨其得失，成《諸史考異》十八卷，撲塵掃葉，聊補錢氏之闕……道光十六年太歲丙申八月七日，臨海洪頤煊撰，時年七十有二。"洪頤煊考校正史之書，唯此爲代表作："于前人一字之謬、一句之譌，皆旁通曲引，而辨正之。"（程霖《諸史考異序》）其本意欲補錢大昕《廿二史考異》之闕，爲後世"好學深思之士薈粹群本，擇善而從，刊一定本"，提供資料。洪頤煊雖未以校史著稱，而早年秉承家學，浸淫經史，其史學涵養深湛而紮實，考據方法周密而細緻，旁徵博引各種史料，考校異同，比勘優劣，據實立論，不避權威，即使錢大昕已有成説者亦作公允裁斷。與清朝考史名作若王鳴盛《十七史商榷》、錢大昕《廿二史考異》、趙翼《二十二史札記》隱然四足而立。此書爲後世及今人列入乾嘉考史名著中。

《漢志水道疏證》四卷，著述于入京應朝考不第回歸而駐留河北藁城時期，其自序作于嘉慶九年（一八〇四）十二月八日，早于其學術高峰，是洪頤煊早期研究歷史地理力作，也是研究《漢書・地理志》力作，更是清人研究中國古代水道之力作。

洪頤煊不僅愛讀書，善著書，還嗜藏書。他早先傳承家學，喜歡研經考史，到廣東任職後，見當地市場上古籍、碑刻金石之物既多，價格又不甚昂，遂加意蒐羅，到晚年所積愈豐。道光十二年（一八三二）夏初，洪頤煊與其子洪瞻墉撰寫《倦舫書目》十二卷（《倦舫書目》九卷，《補遺》三卷）。《兩浙著述考》稱，洪頤煊撰寫其中九卷。惜乎此書原寫本今已不全，佚去卷一全部并卷二大部，係殘本。在序言中洪頤煊回顧自己真正致力于藏書，是在廣東任職期間，“稍稍購集，廣東風氣醇樸，市上時多舊書，而收藏人少，價值亦不甚昂，予歷年既久，因得積有卷册”。迨回歸故里，又“多方購求，漸臻富有”。遂購興賢坊陳昌虞舊宅，建築别業“小停雲山館”。小停雲山館遂成爲清朝中葉後浙江著名私家藏書樓，在今臨海市區巾子山北麓三井巷，俗稱“芝麻園”，其藏書數量據臨海藏書家黄瑞記載，正編（即《倦舫書目》）所録書“凡二千四百十六部，二萬五千六卷”；《補遺》“凡四百二十部，七千六百六十九卷。總凡二千八百三十六部，三萬二千六百七十五卷”，是台州藏書巨擘。洪頤煊收藏金石書畫爲數甚多，如書法就有清初名人手跡、洪頤煊于山東德州平津館所得孫星衍友人往來信札及其自己一生交遊所得所留手跡等，今天都是名人珍稀之物。其他品類更多，亦嘗編有《國朝名人詞翰》《倦舫老人往還尺牘》《台州金石略》以及《倦舫碑目》六卷、《倦舫書畫金石目録》三卷等。而此兩種目録，前一種尚有兩個版本：今浙江圖書館僅存一個黄瑞鈔本、一個浙圖鈔本；後一種則不可得而見。更可惜者是其大量珍貴藏書與其他金石字畫等藏品多于太平軍占領臨海時被毀于一炬，"咸豐辛酉，其書悉災于寇"，令人扼腕長歎。洪頤煊所藏書畫金石，曾選其中部分藏品，如毛奇齡、彭定求等三十二人書翰，請翁方綱、阮元、孫星衍、秦瀛、法式善、洪瑩、李賡芸、張問陶、王引之、胡承珙、吴榮光等二十七人"各爲題跋"，洪頤煊"自書其後，并考三十二人爵里"，與其子洪瞻墉編成《國朝名人詞翰》一書，刻入《傳經堂叢書》中，留傳于今；其真跡亦尚存世，算是萬幸。

總之，洪頤煊畢生致力于傳統學術之研究，研究範圍涉及多個領域，其著述量多質高，當時和後世學林早有高度評價。阮元在《定香亭筆談》中有及于洪頤煊昆仲之評價，稱："臨海兩生精研經訓，或過齊次風侍郎者也。"清天台齊召南字次風，少有"神童"之譽，曾任禮部侍郎，是其父洪枰之師，以博學名。金石學家王昶説："臨海洪生頤煊偕其弟震煊皆以博學好古通經義爲中丞阮公所知，因其互相砥礪以發名成業也。于是書所居之額爲'鄂不館'以寵之，蓋取棠棣韡韡意也。"稱讚洪頤煊兄弟"覃精研思，務爲通經儲史之學……生兄弟通古義，其以進我矣"。詁經精舍主講孫星衍亦頗喜愛洪氏昆仲，嘉慶五年（一八〇〇），孫氏于西湖第一樓撰聯："專家絶學通中法，二俊才名過古人。"以稱讚洪氏兄弟。孫氏還説洪頤煊兄弟"最好學"，"無一字背先聖之言，無一言爲欺世之學。筠軒兄弟其人也"。金石學家翁方綱稱讚洪頤煊《平津讀碑記》："近日錢詹事（大昕）《金石跋尾》用意之精，庶其匹矣。王司寇（昶）《金石粹編》雖廣摭，其精密或不逭此也……近日輯録金石者多矣，未有若洪君之精密者。”程霖（心澍）評論説：“鄉先達筠軒先生……作《諸史考異》……洵有功于列史，亦可見先生無書不覽，無擇不精矣。”清人李慈銘在《越縵堂讀書記》中亦稱讚洪頤煊《讀書叢録》校勘識力之精，文多不録。近人黄侃説：“清世禮家輩出，日趨精密，于衣服、宫室之度，冠婚、喪祭之儀，軍賦、官禄之制，天文、地理之説，皆能考求古義，羅縷言之。略舉其人，則崑山徐乾學健庵、鄞萬斯大充宗、斯同季野……臨海金鶚秋史、洪頤煊筠軒、其弟震煊櫆堂……此皆有成書，可以爲埻。”梁啓超以爲《平津讀碑記》係“考證精徹”之作。以洪氏《校正竹書紀年》《校正穆天子傳》等，梁氏以爲屬清人中“成績可紀者”；對于洪氏《管子義證》，梁氏評爲“躋諸經而爲之注”。在國外，東瀛學者若武内義雄氏在其《論語之研究》中服膺洪頤煊之經訓靈光獨照，堪爲千古卓識；東條弘在洪頤煊《孝經鄭注補正》之上著成《增考孝經鄭氏解補證》一書等。二十世紀五十年代以來，如郭沫若校《管子》《鹽鐵論》，張舜徽著《清人筆記條辨》等，莫不從洪頤煊著作中吸取成果。

洪頤煊著作等身，不僅享譽國内學林，連國外學者亦慕名而購其書。《臨海洪氏宗譜》載，當時風傳洪頤煊之學“名布海内，不特上充秘閣之選，高麗外使亦購其書以歸。可知流傳之甚廣矣”。

此次校點《漢志水道疏證》四卷，以清廣雅書局刻本爲底本整理而成。

由于校點者學殖淺薄，疏誤在所難免，敬請方家通人不吝指正。

校點者

二〇一六年一月十八日初稿，二〇二〇年七月十日修改

注：

〔一〕洪頤煊著述種數，若不計其所編父兄著作合集《傳經堂叢書》，而加上浙江圖書館藏《平津筆記》八卷（見徐曉軍、李聖華主編《浙學未刊稿叢編》第七五册，國圖出版社二〇一八年版）則凡二十七種，以《傳經堂叢書》并未有洪頤煊新著，故計入其著作種數在學術上無新意，然屬于洪頤煊所整理編纂，或者舊著篇幅、卷數有增訂，故于《洪頤煊著述存佚考》中仍作爲著述計數。另洪頤煊及其子洪瞻墉合編之書若《倦舫法帖》八册，《國朝名人詞翰》之"詞翰"本身均不收入《洪頤煊集》中，然《國朝名人詞翰》洪頤煊所作"國朝名人"爵里考證文字則收入本集中，是因爲可以作爲研究確定洪頤煊行蹤交遊珍貴之史料。今人或稱洪頤煊"一生著述頗豐，有七八十種之多"云云，見朱清如《洪頤煊與〈諸史考異〉》，刊《武陵學刊》一九九八年第二期，則係未詳考所致。

# 序〔一〕

夫天下之至變者莫如水，或千百年而變，或數十年而變，或一二年而變。觀其趨決無常，遷徙不定，載籍所陳，靡得而盡也。然其中名號雖殊，源流本一，學者加以考證，則古今不變之經，改易之跡，猶可如指掌焉。自古言水道者，《山海經》雖荒邈難稽，而支源可尋。外此最詳者，莫如《禹貢》。其次則有《漢書·地理志》。嗣後《水經》有作，酈氏有注。加以應劭、闞駰、杜預、郭璞之徒參稽引證，厥名猶詳。至宋元以後，世競新名，舊蹟漸廢，而班氏之所記始微矣。以《漢志》上考《禹貢》諸水，《禹貢》河入海在碣石，《志》則改從章武；《禹貢》江入海在中江，《志》則改從北江；《禹貢》嶓冢導漾，東流爲漢，《志》則有西漢東漢之分；《禹貢》導黑水至于三危，《志》則僅記黑水祠于滇池，而不詳其所出，蓋以《志》上距《禹貢》已歷二千餘年，其所言乖異，宜無怪其然也。《水經》撰于和順以後，去《志》未遠，淇水至黎陽入河而止，《水經》則自内黄以下，盡目淇流；沮水與沔水互通，《水經》即以東狼谷爲沔水所出；汝水出定陵，《水經》謂在梁縣；泲水至乘氏爲泗水，《水經》則通名之曰濟。它如易湖漢爲贛水，改鬱水爲温水；河東則詳澮、涑，九江則出肥、施，枝分派别，不可悉舉。降而下之，則又無論矣。班氏身爲蘭臺令史，得見天下圖籍，故其所記，約而能該，詳而有法。東京大儒如許君撰《説文解字》、鄭君注

《尚書》《周禮》，所引地説，多與《志》同，則其書之精審不苟，取重後世，有自來已。頤煊劉覽有年，因取班氏所記，可名者三百六十一，無名者一百三十一，隨其所入，條分縷析。又復錯舉古書，證其同異，别爲四卷。首記北方諸水，次記東南諸水，次記西南諸水，末仿《水經》之例，記以地澤所在。俾學者窮源竟委，觸目可知，用以推當時之古道，息衆論之紛争，則區區之述，亦未必無補于來哲云爾。

嘉慶九年十二月八日臨海洪頤煊書于稟城官舍。

**校勘記：**

〔一〕此序據《叢書集成》初編所收《漢志水道疏證》補。《叢書集成》初編本《漢志水道疏證》所據底本爲《史學叢書》本，而《史學叢書》所據底本則不知爲何本矣。謹附此説明，備他日考證也。

# 目　録

# 漢志水道疏證卷一

臨海　洪頤煊撰

金城郡河關縣：積石山，在西南羌中，河水行塞外，東北入塞内，至章武入海，過郡十六，行九千四百里。

《山海經·海内》："昆侖之虚在西北，河水出東北隅以行其北，西南又入勃海，又出海外，即西而北，入禹所導積石山。"郭璞曰："河南出昆侖，潛行地下，至葱嶺出于闐國，復分流歧出〔一〕，合而東流，注泑澤。已復潛行，南出于積石山，而爲中國河也。"《水經》："積石在隴西河關縣西南。"《後漢書》注："積石山在今鄯州隴支縣南，即《禹貢》云'導河積石'是也。"案：《禹貢》："河自碣石入海。"《溝洫志》："周譜云：定王五年，河徙。"《武帝紀》："元光三年春，河水徙從頓邱東南流入勃海。"此《志》所記之河道也。《水經》敘河水自黎陽以下有河水故瀆，而以漯水爲河水正流，蓋元始以後所改變矣。河自河關至章武，所過有金城、天水、武威、安定、北地、朔方、五原、雲中、定襄、雁門、西河、上郡、河東、左馮翊、河内、河南、魏郡、東郡、清酒、平原、信都、勃海二十二郡。今本作"十六"者，字之誤也。

金城郡白石縣：離水，出西塞外，東至枹罕入河。

《水經注》："灕水導源塞外羌中，東北流，又東逕白石縣故城南，又東逕枹罕縣故城南，又東北出峽北流，注于河。"

隴西郡臨洮縣：洮水，出塞外羌中，北至枹罕入河。

《説文解字》："洮，水。出隴西臨洮東北，入河。"《水經》："河水又東過隴西河關縣北，洮水從東南來注之。"注："《沙州記》曰：洮水與塾江水俱出强臺山。强臺，西傾之異名也。洮水東北流逕吐谷渾中，又東逕臨洮縣故城北，又北逕安故縣故城西，又北逕降狄道故城西北入河。"《括地志》："强臺山在洮州臨潭縣西南三百三十六里。"謹案：《水經注》"降狄道"，戴校本據《漢書》删"降"字。

金城郡臨羌縣：北則湟水所出，東至允吾入河。

《説文解字》："湟，水。出金城臨羌塞外，東入河。"《水經注》："王莽更允吾爲修遠縣，河水逕其南。西有湟水出塞外，東逕西王母石室石釜西，海鹽池北。故闞駰曰：'其西即湟水之源也。'東逕臨羌縣故城北，又東逕安夷縣故城，又東逕允街縣故城南，又東逕枝陽縣，又東流注于金城河，即積石之黄河也。"

金城郡浩亹縣：浩亹水，出西塞外，東至允吾入湟水。

《水經注》："湟水又東南，逕小晋興城城北，又南與闔門河合，即浩亹河也。水出西塞外，東入塞内，逕敦煌、酒泉、張掖南，又東逕浩亹縣故城南，又東流注于湟水。"《元和郡縣志》："湟水縣浩亹水，今謂之闔門水，經縣東，去縣五十五里。"謹案：闔，戴校本作"閤"。

金城郡允吾縣：烏亭逆水，出參街谷，東至枝陽入湟。

《水經注》："湟水又東，逕枝陽縣，逆水注之，水出允吾縣之參街谷，東南流，又東逕枝陽縣故城南，東南入于湟水。"《元和郡縣志》："廣武縣烏逆水在縣西南二十許里。"

金城郡令居縣：澗水，出西北塞外，至縣西南入鄭伯津。

《水經注》："湟水又東，逕允吾縣北，爲鄭伯津，與澗水合，水出令居縣西北塞外，南流，逕其縣故城西，又南流，注鄭伯津。”

安定郡眴卷縣：河水，别出爲河溝，東至富平，北入河。

《水經注》：“河水于此有上河之名也。”又云：“河水又東北，逕廉縣故城東，河水又北與枝津合，水受大河，東北逕富平城，所在分裂，以溉田圃，北流入河，今無水。”《爾雅》曰：“灉，反入。言河決復入者也。”河之有灉，若漢之有潛也。

定襄郡武進縣：白渠水，出塞外，西至沙陵入河。

《水經注》：“白渠水出塞外，西逕定襄武進縣故城北，又西南逕雲中縣故城南，又西北逕沙陵縣故城南，其水西注沙陵湖。”

定襄郡武皋縣：荒干水，出塞外，西至沙陸入河。

《水經注》：“荒干水出塞外西南逕武皋縣，又南逕原陽縣故城西，又西南注沙陵湖，湖水西南入于河。”

上郡白土縣：圜水出西，東入河。

《史記·匈奴列傳》作“圜洛之間”。晋灼曰：“圜音嚚，《三倉》作‘圁’。”顔師古曰：“圜水即今銀州銀水是也。書本作‘圁’，後轉寫者誤爲‘圜’耳。”《水經注》：“圁水出上郡白土縣圁谷，東逕圁陰縣南，東流注于河。”

太原郡汾陽縣：北山，汾水所出，西南至汾陰入河。過郡二，行千三百四十里。

《山海經》：“管涔之山，汾水出焉，而西流注于河。”《淮南子》：“汾出燕京。”《十三州志》曰：“亦管涔之異名也。”《元和郡縣志》：“静樂縣管涔山在縣北一百三十里，汾水源出焉。”《水經》：“汾水出太原晋陽縣北管涔山，至汾陰縣北，西注於河。”郭璞曰：“今汾水出太原晉陽故汾陽縣東南，經晋陽西南，經西河、平陽至河東汾陰入河，過太原、河東二郡。"

太原郡晋陽縣：龍山，在西北，晋水所出，東入汾。

《山海經》："縣雍之山，晋水出焉，而東流注于汾水。"《水經》："晋水出晋陽縣西縣雍山，又東過其縣南，又東入于汾水。"《魏書·地形志》："晋陽西南有懸雍山，一名龍山，晋水所出。"《元和郡縣志》："在縣西南十二里。"

隴西郡首陽縣：《禹貢》"鳥鼠同穴山"在西南，渭水所出，東至船司空入河。過郡四，行千八百七十里。

《山海經》："鳥鼠同穴之山，渭水出焉，而東流注于河。"又云："渭水出鳥鼠同穴山，東注河，入華陰北。"《水經》："渭水出隴西首陽縣渭谷亭南鳥鼠山，至華陰縣北，又東入于河。"郭璞曰："鳥鼠同穴山，今在隴西首陽縣，渭水出其東，經南安、天水、略陽、扶風、始平、京兆、弘農、華陰縣入河。"《括地志》："渭水源出渭原縣西七十六里鳥鼠山，東流入河，過隴西、天水、右扶風、左馮翊四郡。"

右扶風汧縣：汧水，出西北，入渭。

《説文解字》："汧水出扶風汧縣西北，入渭。"《水經注》："汧水出汧縣之蒲谷鄉弦中谷，決爲弦蒲藪。水有二源，一水出縣西山，東逕汧縣故城北，流注于汧，汧水又東會；一水發源南山西側，又東南逕隃麋縣故城南，東南逕郁夷縣，逕平陽故城南，又東流注于渭。"《括地志》："汧水源出隴州汧源縣汧山，東入渭。"

右扶風武功縣：斜水出衙領山北，至郿入渭。

《水經》："渭水又東，過武功縣北，注斜水，出縣西南衙領山北，歷斜谷，逕五丈原東，水出武功縣，故亦謂之武功水。其水北流注于渭。"

右扶風漆縣：漆水在縣西。

《山海經》:"羭次之山,漆水出焉,北流注于渭。"郭璞曰:"漆水出岐山。"《説文解字》:"漆,水。出右扶風杜陵岐山,東入渭,一曰入洛水。"《經》:"漆水,出扶風杜陽縣俞山,東北入于渭。"注:"漆水出杜陽縣之漆谿,謂之漆渠。故徐廣曰'漆水出杜陽之岐山'者是也。"《括地志》:"漆水源出岐州普潤縣東南岐漆山漆谿,東入渭。"

右扶風杜陽縣:杜水南入渭。

《水經注》:"杜水出杜陽山,謂之杜陽川,在會漆水,東逕杜陽縣故城東,又南流注于渭。"

右扶風鄠縣:酆水出東南,又有潏水,皆北過上林苑入渭。

《水經》:"渭水過槐里縣南,又東豐水從南來注之。"張揖《上林賦》注:"灃水出鄠南山豐谷。"《括地志》:"灃水源在雍州長安縣西南山灃谷。"《元和郡縣志》:"鄠縣豐水出縣東南終南山,自發源北流經縣東二十八里,北流入渭。"吕忱曰:"潏水出杜陵縣。"《水經注》:"渭水又東北逕渭城南,而沈水注之,其水上承皇子陂于樊川,其水西北流,又北逕長安城西,又北流注渭,亦謂是水爲潏水也。"

右扶風郿縣:成國渠首受渭,東北至上林,入蒙籠渠。

《水經注》:"盩厔縣北有蒙蘢渠,上承渭水于郿縣東,逕武功縣東爲成林渠,東逕縣北,亦曰靈軹渠。渠以引堵水。案:成林渠,即成國渠之譌。"《元和郡縣志》:"郿縣成國渠在縣東北九里。"《水經注》又云:"渭水又東會成國渠。渠魏尚書左僕射衛臻征蜀所開也。其瀆上承汧水于陳倉東,東逕郿及武功、槐里縣北,又東逕茂陵縣故城南,又東逕平陵縣故城,又東南注于渭。當由後人改鑿,非《志》之所云矣。"

京兆尹南陵縣:滻水 舊本誤作"沂水"。出藍田谷,北至霸陵入霸水,霸水亦出藍田谷,北入渭。

《説文解字》:“浐,水。出京兆藍田谷,入灞。”《水經》:“浐水出京兆藍田谷,北入于灞。”注:“浐水出南陵縣之藍田谷,西北流,與一水合,水出西南莽谷,東北流,注浐水。浐水又北,歷藍田川北流,注于灞水。”《水經》:“渭水又東過霸陵縣北,霸水從縣西北流注之。”注:“古曰滋水,秦穆公霸世,更名滋水爲霸水,以顯霸功。水出藍田縣藍田谷。”《元和郡縣志》:“藍田縣霸水即秦嶺水之下流,東南自商州上洛縣界流入,又西北合浐水入渭。藍田山一名玉山,一名覆車山,在縣東二十八里。”

安定郡涇陽縣:開幵頭山在西,《禹貢》:涇水所出,東南至陽陵入渭。過郡三,行千六十里。

《説文解字》:“涇,水。出安定涇陽幵頭山,東南入渭。”郭璞曰:“今涇水出安定朝那縣西幵頭山,至京兆高陵縣入渭。”《水經注》:“渭水東逕霸城縣北,與高陵分水,左則涇水注之。”《括地志》:“涇水源出原州百泉縣西南笄頭山涇谷。”《元和郡縣志》:“百泉縣涇水,源出縣西南涇谷,過安定、右扶風、左馮翊三郡。”

右扶風汧縣:芮水出西北,東入涇。

《山海經》:“龍首之山,苕水出焉。東南流,注于涇水。”案:苕,當爲芮。《水經注》:“芮水出小隴山。”《元和郡縣志》:“華亭縣小隴山在縣西四十里。”

安定郡烏氏縣:烏水出西北,入涇。舊本作“入河”,誤。

《續漢志》烏枝補注:“本傳有龍池山。”《地道記》曰:“烏水出。”《太平寰宇記》:“烏水出都盧山,有西烏水。又東北逕烏氏縣,東注于涇。”

左馮翊褱德縣:洛水東南入渭。

《周禮》:“雍州其浸渭洛。”注:“洛出懷德。”賈公彦曰:“此洛即《詩》云‘瞻彼洛矣’一也。與《禹貢》‘導洛自熊耳’者别。”《水經》:“渭水又東，過華陰縣，北注渭水，東南洛水入焉。闞駰以爲漆沮之水。”晋灼曰：“《水經》‘洛水出上郡雕陰泰冒山，過華陰入渭，即漆沮水也。’”程大昌曰：“諸家言洛即漆沮，所謂洛水者，《地理志》曰：‘出北地歸德縣戎夷中。”今案：其自入塞後逕鄜、坊、同之三州，乃始入渭。孔安國輩謂自馮翊懷德縣入渭者是也。”

北地郡歸德縣：洛水出北蠻夷中，入河。

《山海經》：“白于之山，洛水出于其陽，而東流注于渭。”《淮南子》：“洛出獵山。”高誘曰：“獵山在北地西北夷中。”《説文解字》：“洛，水。出左馮翊歸德北夷界中，東南入渭。”案：《志》上記其委，此記其源，二洛本一水，故《説文》即合爲一，與《志》同也。所云入河者，由渭以入河也。

北地郡直路縣：沮水出東，西入洛。

《説文解字》：“瀘水出北地直路西，東入洛。”《水經》：“瀘水出北地直路縣東，過馮翊、祋祤縣北，東入于洛。”注：“今水自直路縣東南，又東逕粟邑縣故城北，其水又東北，注于洛水也。”

弘農郡弘農縣〔二〕：衡領 衡領，舊本作“衙山領”。下谷，爓水所出，北入河。

《水經注》：“爓水有二源：左水南出于衙嶺，世謂之石城山，其水東北流，逕石城西，東北合右水。右水出石城山東北，逕石城東，東北入左水。爓水又北入門水，門水又北，逕弘農縣故城東而注于河。”《太平寰宇記》：“弘農縣衙山嶺在縣西南三十五里〔三〕。”

弘農郡上雒縣：《禹貢》：“雒水出冢領山”，東北至鞏入河，過郡二，行千七十里。

《山海經》：“讙舉之山，洛水出焉。”又云：“洛水出洛西山，東北注河，入成皋之西。”《水經》：“洛水出京兆上洛縣讙舉山，東北過鞏縣入于河。”杜預曰:“雒水出上雒縣冢領山,東北經弘農,至河南鞏縣入河。”《元和郡縣志》:“鞏縣洛水東經洛汭,北對瑯琊渚入河,謂之洛口,過弘農、河南二郡。”

弘農郡盧氏縣:熊耳山,在東,伊水出,東北入雒。過郡一,行四百五十里。

《山海經》:“蔓渠之山,伊水出焉。而東流注于洛。”郭璞曰:“今伊水出上洛盧氏縣熊耳山,東北至河南洛陽縣入洛。”《水經》:“伊水出南陽魯陽縣西蔓渠山,又東北至洛陽縣南,北入洛,過河南郡。”

河南郡穀城縣:《禹貢》:瀍水出替亭北,東南入雒。

《續漢志》:“穀城縣瀍水出。”補注:“《博物記》曰:‘出潛潛亭山。’”《水經》:“瀍水出河南穀城縣北山,又東過洛陽縣南,又東過偃師縣,又東入于洛。”注:“穀城縣北有潛亭,瀍水出其北梓澤中。”《括地志》:“瀍水出洛州新安縣東南,流至洛州郭内,南入洛。”

弘農郡新安縣:《禹貢》:澗水在東南入雒。

《山海經》:“白石之山,澗水出于其陰,西北流注于穀水。”《説文解字》:“澗,水。出弘農新安東南,入洛。”《水經》:“澗水出新安縣南白石山,東南入于洛。”注:“世謂是山曰廣陽山,水曰赤岸水,亦曰石子澗。東北流,歷函谷東阪東,即《周書》所謂‘我卜澗水東’,言是水者也。”《括地志》:“澗水源出洛州新安縣東白石山,東北與穀水合流,經洛州郭内,東流入洛。”

弘農郡黽池縣:穀水出穀陽谷,東北至穀城入雒。

《山海經》:“傅山之西有林焉,曰墦冢,穀水出焉,而東流注于洛。”郭璞曰:“今穀水出穀陽谷,東北至穀城縣入洛河。”《水經》:“穀水出弘農黽池縣南墦冢林穀陽谷,東北過穀城縣北,又東過河南縣北,東南入于洛。”注：“今穀水出于崤東馬頭山穀陽谷，東北流，歷黽池川，亦謂之彭池，穀水出處也。”

上黨郡穀遠縣：羊頭山世靡谷，沁水所出，東南至滎陽入河，過郡三，行九百七十里。

《説文解字》：“沁，水。出上黨羊頭山，東南入河。”《水經》：“沁水出上黨涅縣謁戾山，又東過武德縣南，又東南至滎陽縣北，東入于河。”注：“或言出穀遠縣羊頭山世靡谷。”《元和郡縣志》：“綿上縣羊頭山一名謁戾山，在縣東北五十里，沁水所出。”過上黨、河内、河南三郡。

上黨郡泫氏縣：楊谷，絶水所出，南至壄王入沁。

《水經注》：“絶水出泫氏縣西北楊谷，東南流逕泫氏縣故城北，與泫水會，東南入高都縣右入丹水。”《太平寰宇記》：“高平縣絶水在縣西北三十里，源出髑髏山楊谷。”案：《水經注》自此以下到入沁俱稱丹水，《太平御覽》引《志》作“泫水”。《水經注》：“泫水導源縣西北泫谷。”與絶水源别。

上黨郡高都縣：莞谷，丹水所出，東南入絶水。

《水經注》：“丹水出上黨高都縣故城東北阜，俗謂之源源水。”《山海經》曰：“沁水之東有林焉，名曰丹林，丹水出焉。即斯水矣。丹水自源東北流，又屈而東注，左會絶水。丹水又東南出山，逕郟城西，又西逕苑鄉城北，東南注于沁。”

河内郡共縣：北山，淇水所出，至黎陽入河。

《山海經》：“沮洳之山，淇水出焉，南流注于河。”《説文解字》：“淇，水。出共北山，東入河。一曰出隆慮西山。”《水經》：“淇水出河内隆慮縣西大號山。高誘曰：‘大號山在河南共縣北。’或曰在隆慮西。”《水經注》：“淇水歷舊淇水口東流，逕黎陽縣界南入河。《溝洫志》：‘遮害亭西十八里至淇水口’是也。”《水經》:“淇水又東,過内黄縣南爲白溝,屈從縣東北與洹水合,又東北過館陶縣北,又東過清淵縣西,又東過廣宗縣東爲清河,又東過武城縣西,又東過廣川縣東,又東過脩縣南,又東過東光縣西,又東北過南皮縣西,又東北過浮陽西,又東北過漂榆邑入于海。”案:《水經》淇水與黄澤、清河、洹蕩諸水亂流通稱,《志》不謂之淇水也。

上黨郡壺關縣:沾水東至朝歌入淇。

《説文解字》:“沾水出壺關,東入淇。”《水經注》:“沾水出壺關縣東沾臺下,泉流發于西北隅,又東流注于淇。”《元和郡縣志》:“壺關縣羊腸阪在縣東南一百六里,沾水出焉。”

河内郡蕩陰縣:蕩水東至内黄澤,西山,羑水所出,亦至内黄入蕩。

《説文解字》:“蕩,水。出蕩陰縣,東入黄澤,入經蕩水,出河内蕩陰縣西山東,又東北至内黄縣入于黄澤。”《溝洫志》:“内黄界中有澤,方數十里。”《水經注》:“羑水出蕩陰西北韓大牛泉,又東流逕羑城北,又東歷黄澤入蕩水。”《太平寰宇記》:“蕩陰縣蕩水在縣治北,源出縣西牟山,去縣三十五里。羑水源出縣西北山下。”《元和郡縣志》:“内黄縣黄澤在縣西北五里。”

魏郡内黄縣:清河水出南。

《續漢志》:“魏郡内黄縣清河水出。”《水經》:“淇水東北過廣宗縣東爲清河。”案:自此以下至入海,《注》皆謂之清河。

魏郡鄴縣:故大河在東北入海。

《續漢志》:“魏郡鄴有故大河。”《水經》:“河水又東北過黎陽縣南,河之故瀆出焉。”注:“《溝洫志》曰:‘河之爲中國害尤甚,故導河自積石歷龍門、釃二渠以引河，一則漯川，今所流也，一則北瀆，王莽時空，故世俗名是瀆爲王莽河也。”《史記》正義：“河至冀州分布爲九，河下至滄州更同合爲一大河，名曰逆河，而夾右碣石入于勃海。”案：《水經》東漢人所撰，故以漯川爲河水正流，其北瀆王莽時空者，疑即《志》至章武入海之道也。此故大河即王横所云“禹之行河水”，本從西山下東北去者。

魏郡館陶縣：河水别出爲屯氏河，東北至章武入海。過郡四，行千五百里。

《溝洫志》：“自塞宣房後河復北決于館陶，分爲屯氏河，東北經魏郡、清河、信都、勃海入海。”《水經》：“河之故瀆自沙邱堰南分，屯氏河出焉。”注：“一水分大河故瀆，北出爲屯氏河，逕館陶縣東，東北出。”又云：“屯氏河故瀆自别河東，逕甘陵之信鄉縣故城南，又東逕甘陵縣故城北，又東逕靈縣北，又東北逕鄃縣，與鳴犢河故瀆合，上承大河故瀆于靈縣南。”《地理志》曰：“河水自靈縣别出爲鳴犢河者也。”案：屯氏河自館陶别出至章武入海，與大河同也。

清河郡靈縣：河水别出爲鳴犢河，東北至蓨入屯氏河。

《溝洫志》：“元帝永光五年，河決清河靈縣鳴犢口，而屯氏河絶。”《水經注》：“大河故瀆又東北逕靈縣故城南，河水于縣别出爲鳴犢河。”《十三州志》曰：“鳴犢河東北至蓨入屯氏。”

清河郡信成縣：張甲河首受屯氏别河，東北至蓨入漳水。

《水經注》：“屯氏别河故瀆又東北逕信成縣，張甲河出焉。張甲故瀆又東北至脩縣東，會清河。”《十三州志》曰：“張甲河東北至脩縣入清漳者也。”《元和郡縣志》：“宗成縣張甲河在縣南二十五里，經城縣張甲枯河，東去縣十里。”

河内郡隆慮縣：洹水 舊本誤作“國水”。東北至信成入張甲河。

過郡三，行千八百四十里。

《水經》："淇水東過内黄縣南爲白溝，屈從縣東北與洹水合。"又云："洹水出上黨温文泫氏縣東，過隆慮縣北，又東北出山，過鄴縣南，又東過内黄縣北，東入于白溝。"注："水出洹山，山在長子縣也。"郭璞曰："洹水出汲郡林慮縣東北，至魏郡長樂入清水。"過河内、魏、清河三郡。

平原郡平原縣：有篤馬河，東北入海，行五百六十里。

《溝洫志》："孫禁以爲今可決平原金隄閒開通大河，令入故篤馬河。河至海五佰餘裏。"《續漢志》平原補注："《地道記》曰：'有篤馬河　。'"《水經注》："屯氏别河南瀆自平原城北首受大河故瀆東出，亦通謂之篤馬河，即《地理志》所謂'平原縣有篤馬河，東北入海，行五百六十里'者也。"

上黨郡沾縣：大黽谷，清漳水所出，東北至阜成入大河。過郡五，行千六百八十里。謹案：《水經》：漳水東北過阜成縣，與滹沱河會。阜成，故信都之昌成，非勃海阜城。此作"阜"，誤。

《説文解字》："清漳出沾山大黽谷，北入河。"郭璞曰："清漳出少山大要谷，至武安縣南入于濁漳。或曰：東北至邑成入于大河也。"案：《水經》："清漳水出上黨沾縣西北少山大黽谷，東至武安縣南黍窖邑入于濁漳。濁漳水又東北過成平縣南合清河，又東北過平舒縣南，東入海。"注："大河故瀆又東北至東光縣故城西，而北與漳水合。"《志》："漳水入河不入海也。過上黨魏廣故城西而北，與漳水合。"《志》："漳水入河不入海也。過上黨、魏、廣平、鉅鹿、信都五郡。"謹案：班《志》阜城屬勃海，昌成屬信都。《續志》安平國阜城故昌成。郭注作"邑成"，亦誤也。

上黨郡長子縣：鹿谷山，濁漳水所出，東到鄴入清漳。

《山海經》："發鳩之山，漳水出焉，東流注于河。"郭璞曰："或曰出長子縣鹿谷山而東至鄴入清漳。"《水經》:"濁漳水出上黨長子縣西發鳩山。"注:"漳水出鹿谷山,與發鳩連麓而在南。"《元和郡縣志》:"發鳩山在縣西南六十五里,濁漳水出焉。"

上黨郡屯留縣:桑欽言絳水出西南,東入漳。

《水經注》:"絳水西出穀遠縣東之發鳩山谷,東逕屯留縣故城南,其水東北流入于漳。故桑欽云絳水出屯留西南,東入漳。"《魏書·地形志》:"樂陽有望天嶺,絳水所出。屯留水自寄氏氏界來,入濁漳。"

魏郡武始縣:漳水東至邯鄲入漳。

《水經注》:"漳水又東北逕西門豹祠前,漳水右與枝水合。其水上承漳水于邯會西,而東别與邯水合。"張晏曰:"漳水之别自城西南與邯山之水會,今城旁猶有溝渠存焉。其水又東北入于漳。"謹案:《御覽》引《水經注》:"滏水出石鼓山,東流注于漳,謂之合河。"段氏玉裁、錢氏坫云:《志》漳水當作"滏水"。是也。

魏郡武安縣:欽口山,白渠水所出,東至列人入漳。

《水經注》:"漳水又東北逕列人縣故城南,于縣右合白渠故瀆,白渠水出武安縣欽口山,東南流逕邯鄲縣南,歷邯溝縣故城東,又東逕肥鄉縣故城北,逕列人右會漳津。今無水。"

魏郡武始縣:又有拘澗水,東南至邯鄲入白渠。

《水經注》曰:"白渠水逕邯鄲縣南,又東與拘澗水合。水導源武始東山,入白渠北,俗謂是水爲拘河也。"

趙國邯鄲縣:堵山,牛首之水所出,東入白渠。

《山海經》:"錫山,牛首之水出焉,而東流注于釜水。"《水經注》:"白渠水又東,又有牛首水入焉。水出邯鄲縣西堵山,東入邯鄲城東南,流注拘澗水，又東入白渠。"《太平寰宇記》："邯鄲縣牛首水在縣西北三十里，又名曲河。"

真定國緜曼縣：斯洨水，首受大白渠，東至鄡入河。

《水經注》："斯洨水首受大白渠，大白渠大首受綿蔓水。"又云："斯洨水又東逕西樑城南，又東北逕欒信縣故城南同，又東入衡水。衡水又北，逕鄔縣故城東。"案"鄔"即"鄡"字之誤。《志》大河本自黎陽，以下至章武入海。東漢後改從漯川至千乘入海，其故道遂爲淇、漳、滱、易、滹沱諸水所亂。此云入河者，入漳河也。"

常山郡蒲吾縣：大白渠水，首受緜曼水，東南至下曲陽入斯洨。

《水經注》："綿蔓水又東逕烏子堰，又東謂之大白渠。《地理志》所謂首受綿蔓水者，又東南逕關縣故城北，又東逕宋子縣故城北，又東逕敬武縣故城北，又東謂之斯洨水。"《地理志》曰："大白渠東南至下曲陽入斯洨河者也。"又云："白渠枝水又東逕下曲陽城北，又東逕貰縣入斯洨水。"案：上艾縣綿蔓水本至蒲吾入虖池水，此入斯洨水者，其枝津耳。《水經注》反以爲正流矣。

常山郡元氏縣：泜水，舊本作"沮水"，誤。首受中邱西山窮泉谷，東至堂陽入黄河。

《說文解字》："泜，水。在常山。"《山海經》："敦與之山，泜水出于其陰，而東流注于彭水。"郭璞曰："今泜水出中邱縣西窮泉谷，東注于堂陽縣，入于漳水。"《文選》注引《漢書》："恒山郡元氏縣有泜水，首受中邱西出窮泉谷，入黄河。"案：黄河者，漳河也，或改作"横河"，非是。

常山郡石邑縣：井陘山在西，洨水所出，東南至廮陶入泜。

《說文解字》："洨，水。出常山石邑井陘，東南入于泜。"

常山郡房子縣：贊皇山，石濟水所出，東至廮陶入泜。

《續漢志》:“房子縣贊皇山,濟水所出。”《説文解字》:“濟,水。出常山房子贊皇山,東入泜。”《元和郡縣志》:“濟水源出贊皇山西北流,去縣南十里。”此自别一濟水,應劭以爲四瀆,誤也。

信都國信都縣:故章河、故虖池皆在北,東入海。《禹貢》:絳水亦入海。

案:云“故”者是章河、虖池之故道,非作《志》時“所行之道”也。《史記》集解:“鄭玄云:‘《地理志》:降水在信都南。’”《水經注》:“絳瀆又北逕信都東,散入澤渚,西至于信都城東,連于廣川縣之張甲故瀆,同歸于海。”鄭玄注《尚書》曰:“水土之名變易,世失其處。見降水則以爲絳水,故依而廢讀。或作‘絳’字,非也。”

代郡靈邱縣:滱水東至文安入大河。過郡五,行九百四十里。

《山海經》:“高是之山,滱水出焉。東流注于河。”《説文解字》:“滱,水。起代郡靈邱,東入河。”《水經》:“滱水出代郡靈邱縣高是山。又東過博陵縣南,又東北入于易。易水又東過泉州縣南,東入于海。”《太平寰宇記》:“靈邱縣嘔夷水,一名滱水,出縣西北高是山。”又云:“高是山在縣西北七十里,過代、常山、中山、涿、勃海五郡。”

常山郡上曲陽縣:恒山北谷在西北,《禹貢》:恒水所出,東入滱。

《水經》:“滱水又東,南過中山上曲陽縣北,恒水從西來注之。”注:“滱水又東逕左人城南,又東,恒水從西來注之,自下滱水兼納恒川之通稱焉,即《禹貢》所謂‘恒衛既從’也。”《史記》索隱:“恒水出恒山上曲陽縣,東入滱水。”

中山國北新成縣:桑欽言:易水出西北,東入滱。

《水經注》:“易水東逕客城縣故城南,易水又東,埿水注之,水側有渾埿城。易水逕其南,東合滱水。故桑欽曰‘易水出北新城西北,東入滱’。自下滱、易互受通稱矣。”

中山國望都縣：博水東至高陽入河。

《水經注》：“滱水又東北逕侯世縣故城南，又東北逕陵陽亭東，又北，左會博水，水出望都縣故城北，又東北，左則濡水注之，自下博水亦兼濡水通稱矣。”應劭曰：“博水出中山望都，入河。”案：“滱”亦名“河”，入河者即入滱也。下同。

中山國北平縣：徐水東至高陽入博，又有盧水，亦至高陽入河。

《水經注》：“博水又東北，徐水注之，水西出廣昌縣東南大嶺下，又逕北平縣，又東流入博水。”又云：“滱水又東逕唐縣故城南，滱水之右，盧水注之。水上承城内盧水池。”《地理志》曰：“盧水出北平。”疑爲疎闊。闞駰、應劭之徒咸亦謂是矣。

中山國曲逆縣：蒲陽山，蒲水所出，入濡。又有蘇水，亦東入濡。

《水經注》：“濡水出蒲陰縣西昌安郭南，其水自源東逕其縣故城南，亦謂之爲曲逆水也。又東與蘇水合，水出縣西南近山，東北流，又東逕其縣入濡。濡水又東，得蒲水口，水出西北蒲陽山，又東南流逕蒲陰縣故城北，又東入濡，又東北逕樂城南，又東入博水。”

代郡廣昌縣：淶水，東南至容城入河，過郡三，行五百里。

《説文解字》：“淶，水。起北地廣昌，東入河。”《水經》：“巨馬河出代郡廣昌縣淶山，又東南過容城縣北，又東過勃海、東平、舒縣北，東入于海。”注：“即淶水也。東南流逕遒縣故城東，謂之巨馬河。”《地理志》曰：“淶水東南至容城入河，即濡水也。”過代、上谷、涿三郡。

涿郡故安縣：閻鄉，易水所出，東至范陽入濡水，亦至范陽入淶。

《周禮》注：“易出故安。”《水經》：“易水出涿郡故安縣閻鄉西山，東過范陽縣南，又東過容城縣南，又東過安次縣南，又東過泉州縣南，東入于海。”注：“易水逕范陽縣故城南，又東與濡水合。濡水又東南流于容城縣西北，合易水而注巨馬水。”案：《志》不記濡水所出，《水經注》于此下云：“濡水出故安縣西北窮獨山南谷〔四〕。”與上文“出蒲陰縣西昌安郭南者”異源同流，亦淶、易諸水之互受通稱也。《説文解字》：“濡，水。出涿郡故安，東入淶。”今本作“入漆涑”，《水經注》又引作“入深深渠”，皆傳寫之譌。

涿郡涿縣：桃水首受淶水，分東至安次入河。

《水經注》：“聖水自涿縣東與桃水合，首受淶水于徐城東南良鄉西，分垣水，世謂之南沙溝，即桃水也。桃水東逕陽鄉，東注聖水。聖水又東逕勃海安次縣故城南，又東南流注于巨馬河。”

涿郡良鄉縣：垣水東南至陽鄉入桃。

《水經注》：“垣水上分淶水于良鄉縣之桃水，世謂之北沙溝。又東逕涿縣北，東流注于桃。故應劭曰：‘垣水東入桃。’闞駰曰：‘至陽鄉注之。’”

代郡鹵城縣：虖池河東至參合，入虖池別。過郡九，行千三百四十里。從河東至文安入海。過郡六，行千三百七十里。謹案：“别”下當有“河”字。

《山海經》：“泰戲之山，虖沱之水出焉。”又云：“虖沱水出晋陽城南，而西至陽曲北，而東注勃海，入越章武北。”郭璞曰：“今虖沱水出雁門鹵城縣武夫山。”《元和郡縣志》：“繁峙縣泰戲山，一名武夫山，在縣東南九十里。案《水經注》本有《虖沱篇》，今傳寫亡矣。過代、雁門、定襄、太原、常山、鉅鹿、河閒、涿、勃海九郡，從河所過六郡無考。”謹案：錢坫曰：“‘從河’當作‘别河’，過代、雁門、常山、信都、河閒、勃海六郡。”

太原郡上艾縣：緜曼水東至蒲吾入虖池水。

《水經注》："綿蔓水上承桃水，出樂平郡之上艾縣，南逕蒲吾縣故城西，又東南流逕綿蔓縣故城北。自下通謂之綿蔓水。"《史記》正義："綿蔓水一名阜將，一名洄星，自并州流入井陘界。"《古今注》："永平十年作'常山呼沱河蒲吾渠'，通漕船也。"

常山郡靈壽縣：《禹貢》：衛水出東北，入虖池。

《周禮》注："衛水在靈壽。"《續漢志》："靈壽，衛水出。"《太平寰宇記》引《水經》云："衛水出常山靈壽縣西，東北入滹沱河。"

常山郡南行唐縣：牛飲山白陘谷，舊本作"白陸谷"。滋水所出，東至新市入虖池水。

《山海經》："高是之山，滋水出焉，而南流注于虖沱。"《説文解字》："滋，水。出牛飲山白陘谷，東入呼沱。"

魏郡武安縣：又有寖水，東北至東昌入虖池河。過郡五，行六百一里。

《説文解字》："寖，水。出魏郡武安東北，入呼沱水。"《隋書·地理志》："武安郡武安縣有寖水。"過魏、趙、廣平、鉅鹿、信都五郡。

趙國襄國縣：西山，渪水所出，東北至任入寖。又有蓼水、泜，舊本"泜水"作"馮水"，誤。皆東至朝平入渪。

《説文解字》："渪，水。出趙國襄國之西山，東北入寖。"又云："泜水出趙國襄國，東入渪。"《隋書·地理志》："襄國郡龍岡縣有泜水。"《太平寰宇記》："龍岡縣渪水一名澧水，俗謂之百泉，出縣東平地。蓼水一名達活水。"《水經》云："蓼水出襄國石井岡。"

常山郡中邱縣：逢山長谷，渚水 舊本誤作"諸水"。所出，東至張邑入渦。舊本誤作"入蜀"。

《説文解字》:"渚,水。在常山中邱逢山,東入渦。"《太平寰宇記》:"内邱縣蓬鵲山在縣西六十三里。《地理志》云'中邱蓬山,長谷之水所出。'"

廣平國南和縣:列葭水東入㴲。

《武五子傳》:"燕剌王使人祠葭水。"晉灼曰:"葭水在廣平。"《水經注》:"衡水自堰分爲二,其右水東北注出石門,謂之長蘆水,蓋變列葭之名也。"《太平寰宇記》:"南和縣列家水在縣西南十里。"

河閒國樂成縣:虖池别水首受虖池河,東至東光入虖池河。

《水經》:"濁漳水又東北至樂成、陵縣别出,北瀆注衡。漳于縣無别出之瀆,出縣北者乃虖池别水,分虖池故瀆之所纏絡也。"

河閒國弓高縣:虖池别河首受虖池河,東至平舒入海。謹案:此東平舒。

《水經注》:"衡漳又東逕弓高縣故城北,又東逕建成縣故城南、成平縣故城在北,城南北相值,又東,左會虖池别河故瀆,又東北合清河,謂之合口。清漳枝瀆又逕東平舒縣故城南,又東北分爲二水:一水北注虖池,與清漳亂流而東注于海。"

勃海郡成平縣:虖池河,民曰徒駭河。謹案:《水經注》:"成平縣東有虖池河故瀆。"

《溝洫志》:"許商以爲古説九河之名有徒駭、胡蘇、鬲津,今見在成平、東光、鬲界中。"《爾雅》:"九河徒駭。"郭璞曰:"今在成平。"

雁門郡陰館縣:累頭山,治水所出,東至泉州入海。過郡六,行千一百里。

《武五子傳》:"燕剌王使人祠台水。"晋灼曰:"《地理志》:'台水在雁門。'"《説文解字》:"㶟,水。出雁門陰館累頭山,東入海。或曰治水也。"《水經》:"㶟水出雁門陰館縣東北過代郡桑乾縣南,又東至漁陽雍奴縣西入笥溝。"注:"笥溝,沽水之别名也。"案:台、㶟,皆聲相近。過雁門、代、上谷、涿、廣陽、漁陽六郡。

代郡平舒縣:祁夷水北至桑乾入沽。

《周禮》:"并州其川嘔夷。"注:"嘔夷、祁夷與出平舒。"《水經注》:"祁夷水出平舒縣,東逕平舒縣之故城南澤中,又東北流逕代城西,又北逕桑乾故城東而北流,注于㶟。"

代郡且如縣:于延水出塞外,東至廣寧入沽。

《水經注》:"于延水出塞外柔元鎮西長川城南小山。"《山海經》曰:"梁渠之山,修水出焉。東南流逕且如縣故城南。于延水出縣北塞外,即修水也。于延水又南逕且居縣故城南,其水東南流注于㶟水。"

敦煌郡冥安縣:南籍端水出南羌中,西北入冥澤。

《太平寰宇記》:"籍端水一名冥水,《地理志》云:'冥安縣南籍端水出南羌中,西北入冥澤者也。'應劭曰:'冥水出北,入其澤。'"《元和郡縣志》:"晋昌縣冥水自吐谷渾界流入大澤,東西二百六十里,南北六十里。"

敦煌郡龍勒縣:氐置水出南羌中,東北入澤。謹案:《漢志》水上有"氐置"字原脱,今補。

《李陵傳》:"至東浚稽山南龍勒水上。"

張掖郡觻得縣:千金渠西至樂涫入澤中,羌谷水出羌中,東北至居延入海,過郡二,行二千二百里。

《後漢書》注:“令鮮水在今甘州張掖縣界,一名合黎,一名羌谷水。”《太平寰宇記》:“張掖縣合黎水一名羌谷水,鮮水一名覆袁水,亦名張掖河,南自吐谷渾界流入。”《太康地記》云:“河北得水便名爲河,塞外有水便名爲海,故居延澤亦名海也。”過張掖、酒泉二郡。

酒泉郡禄福縣:呼蠶水出南羌中,東北至會水入羌谷。

《太平寰宇記》:“酒泉縣呼蠶水一名潛水,亦名羌谷,俗謂福禄河,西南自吐谷渾界流入。會水一名白亭海,在縣東北三十里。”《十三州志》云:“衆羌之水所會,故曰會水。”

張掖郡删丹縣:桑欽以爲道弱水,自此西至酒泉合黎。

《説文解字》:“溺,水。自張掖删丹西至酒泉合黎,餘波入于流沙。”又云:“屼,山也。或曰弱水之所出。”《史記》正義:“合黎水出臨松縣而北流,逕張掖故城下,又北流至縣北二十三里合弱水。自合黎山折而北流,逕沙領之西入居延澤,行千五百里。”

金城郡臨羌縣:有弱水。

《山海經》:“弱水出昆侖墟西南隅。”《西域傳》:“長老傳聞有條支有弱水,西王母亦未嘗見。”《括地志》:“弱水有二源,俱出女國北阿傉達山,一名昆侖山,在雍州西南一萬五千三百七十里。”

武威郡姑臧縣:南山,谷水所出,北至武威入海,行七百九十里。

《續漢志・姑臧》補注:“《地道記》曰:‘南山,谷水所出。’《水經注》:‘馬城河又東北逕武威縣故城東。’《地理志》曰:‘谷水出姑臧南山,北至武威入海。’”

武威郡倉松縣:南山,松陝水所出,北至揟次入海。

《續漢志・倉松》補注:“《地道記》曰:‘南山,松陝水所出。’”

安定郡鹵縣：灈水出西。

水無考。

北地郡郁郅縣：泥水出北蠻夷中。

《説文解字》："泥，水。出北地郁郅北蠻中。"《續漢志》補注引《地道記》同。《史記》正義："泥谷水源出羅川縣東北泥陽，源側有泉，于泥中潛流二十餘步，而流入泥谷。"

漁陽郡漁陽縣：沽水出塞外，東南至泉州入海，行七百五十里。

《説文解字》："沽，水。出漁陽塞外，東入海。"《水經》："沽河從塞外來，南過漁陽狐奴縣北，與濕餘水合爲潞河，又東南至雍奴縣西入笥溝，又東南至泉州縣東入于海。"注："沽河出禦夷鎮西北九十里丹花嶺下。"

上谷郡軍都縣：温餘水東至路南入沽。

《水經》："濕餘水出上谷居庸關東，又東流過軍都縣南，又東流過薊縣北，又北屈東南至狐奴縣西入于沽河。"案：温，"濕"字之誤。

上谷郡且居縣：樂陽水出東南入海。

《水經注》："沽水又東南與鵲谷水合，水有二源，南即陽樂水也，出且居縣。《地理志》曰：'水出縣東北，流逕大翮山、小翮山，北歷女祁縣故城南，世謂之陽曲河，又逕赤城西逕其城南，東南入赤城河，河水又東南入沽水。"

右北平郡無終縣：浭水西至雍奴入海。過郡二，行六百五十里。

《隋書·地理志》："漁陽郡無終縣有庚水、灅水。"顏師古曰："即下所云入庚者，同一水也。"《水經注》："庚水出右北平徐無縣北塞中，又南逕北平城西而南入鮑邱水。"《水經》："鮑邱水南至雍奴縣北屈，東入于海，過右北平、漁陽二郡。"

右北平郡俊靡縣：灅水南至無終，東入庚。

《説文解字》："灅，水。出右北平浚靡，東南入庚。"《水經注》："灅水出右北平俊靡縣，東南流，世謂之車軬水，又東南流，又西南逕無終山，又西南入于庚水，世亦謂之爲柘水也。"

右北平郡字縣：榆水出東。

《後漢書》注："鮑邱水出北塞中，南流逕九莊嶺東，俗謂之大榆河。"

漁陽郡白檀縣：洫水出北蠻夷。

《水經注》："《地理志》曰：'洫水出北蠻夷中，又東南流，右與要水合，又東南流逕白檀縣，而東南流入于濡。"

遼西郡肥如縣：玄水東入濡水，濡水南入海陽，又有盧水南入玄水。

《水經》："濡水從塞外來，東南過遼西令支縣北，又東南過海陽縣西南入于海。"注："玄水出肥如縣東北玄溪，西南流，逕肥如縣故城南，右會盧水，水出縣東北沮溪，而入于玄水。"《太平寰宇記》："盧水一名大涢水，一名小濡水。"案：此"濡水"，即今灤河，與范陽故安濡水别一川也。南入海陽，當云南至海陽入海。

遼西郡臨渝縣：渝水首受白狼，東出塞外，又有侯水，北入渝。

《説文解字》："渝，水。在遼西臨俞，東出塞。"《水經注》："白狼水出右北平白狼縣東南，又北逕黄龍城東，又東北出東流，分爲二水：右水疑即《地理志》所謂侯水，北入渝者也。"《十三州志》曰："侯水南入渝。《地理志》言蓋自北而南也。"

遼西郡交黎縣：渝水首受塞外，南入海。

《水經注》："白狼水又西南流注于渝，渝水又東南逕一故城東，又南逕營邱城西,其水東南入海。”

遼西郡海陽縣:龍鮮水東入封大水,封大水、緩虚水皆南入海。

《水經注》:“封大水出新安平縣,西南流,逕新安平縣故城西,又東南流,龍鮮水注之,水出縣西北,世謂之馬頭水。二源俱導南合一川,東流注封大水。亂流南會新河,南流入于海。新河又東出海陽縣,與緩虚水會,水出新安平縣東北,世謂之大籠水,東南流,逕令支城西,西南流,與新河合,南流入于海。”

遼西郡絫縣:下官水南入海,又有碣石水、賓水皆南入官。

《水經注》:“新河又東,木究水出焉,南入海。”錢坫曰:“下官、木究,以字形相亂。案:《管子》:‘齊桓公征孤竹,至卑耳之谿,有贙水者。’《水經注》:‘今自孤竹南出則巨海矣。卑耳之川若贙谿者亦不知所在也。’卑耳疑即下官,贙水疑即賓水,字形皆相近。”

遼西郡狐蘇縣:唐就水至徒河入海。

《太平寰宇記》:“彭盧水即唐就水,後魏《輿地風土記》云:‘水至徒河入海,與地平,故曰平盧,今語譌彭盧。’”

遼西郡新安平縣:夷水東出塞外。

水無考。

遼西郡柳城縣:參柳水北入海。

水無考。

遼西郡:有小水四十八,并行三千四十六里。

《後漢書·東夷傳》:“句驪一名貊耳,有別種,依小水爲居,因名曰小水貊。”注:“《魏氏春秋》曰:‘遼東郡西安平縣北有小水,南流入海。’”

遼東郡望平縣:大遼水出塞外,南至安市入海,行千二百五十里。

《山海經》:"潦水出衛皋東,東南注勃海,入潦陽。"《水經》:"大遼水出塞外衛白平山,東南入塞,過遼東襄平縣西,又東南過房縣西,又東過安市縣西,入于海。"案:白平,即"皋"字之譌。

玄菟郡高句驪縣〔五〕:遼山遼水所出,西南至遼隊入大遼水,又有南蘇水,西北經塞外。

《水經》:"又玄菟高句驪縣有遼山,小遼水所出,西南至遼隧縣,入于大遼水也。"郭璞曰:"玄菟高句驪縣有潦山,小潦水所出,西流注大潦。"

遼東郡遼陽縣:大梁水西南至遼陽入遼。

《水經注》:"大梁水出北塞外,西南流注遼水。其水西南流,故謂之爲梁水也。"

遼東郡居就縣:室僞山,室僞水所出,北至襄平入梁也。

《水經注》:"小遼水又西南,逕襄平縣爲淡淵,晋永嘉三年涸。小遼水又逕襄平入大梁水。"案:室僞水,不見于《水經注》,疑即此水也。

遼東郡番汗縣:沛水出塞外,西南入海。

《説文解字》:"沛,水。出遼東番汗塞外,西南入海。"應劭曰:"汗水出塞外,西南入海。"案:汗,疑即"沛"字之譌,師古作沛、汗兩音。

玄菟郡西蓋馬縣:馬訾水西北入鹽難水,西南至西安平入海。過郡二,行二千一百里。

《太平寰宇記》:"馬訾水一名鴨綠水,水源出東北靺鞨白山,去遼東五百里,經國内城,又西與一水合,即鹽難水也。二水合流,西南至安平城，入高麗之地。”

樂浪郡浿水縣：浿水西至增地入海。

《説文解字》：“浿，水。出樂浪鏤方，東入海。一曰出浿水縣。”《水經》：“浿水出樂浪鏤方縣，東南過于臨浿縣，東入于海。”

樂浪郡吞列縣分黎山：列水所出，西至黏蟬入海，行八百二十里。

《山海經》：“朝鮮在列陽東海北，山南列陽屬燕。”郭璞曰：“列亦水名也，今在帶方。”張晏曰：“朝鮮有濕水、洌水、汕水，三水合爲洌水。”

樂浪郡含資縣：帶水西至帶方入海。

水無考。

宿松羅忠濟初校

黟縣黄士陵覆校

陽湖吴翊寅再覆校

**校勘記：**

〔一〕歧：原作“岐”，形近而譌，于義不協，今據上下文義改。

〔二〕弘農：原作“宏農”，係清人避乾隆皇帝弘曆諱而改，今回改。下遇此徑改，不復出校。

〔三〕弘農：原作“恒農”，係後魏獻文帝名弘，故改弘農作“恒農”，今回改，下遇此徑改，不復出校。

〔四〕北：原誤作“此”，據《水經注》卷十一改正。

〔五〕玄：原作“元”，蓋清人避康熙皇帝玄燁諱而改，今回改，下遇此徑改，不復出校。

# 漢志水道疏證卷二

臨海　洪頤煊撰

河東郡垣縣:《禹貢》:"王屋山在東北,沇水所出。"東南至武德入河,軼出滎陽北地中。又東至琅槐入海,過郡九,行千八百四十里。

《山海經》:"王屋之山,聯水出焉而西流注于泰澤。"郭璞曰:"《地理志》'王屋山,沇水所出。'聯、沇,聲相近。"畢尚書曰:"泰澤當即滎澤,《禹貢》'導沇水東流爲濟。'《説文解字》:'沇,水。出河東東垣縣王屋山,東爲泲。'《水經》:'濟水出河東垣縣東王屋山爲沇水,又東至温縣西北爲濟水。'案:《志》不言泲水者略也。《水經》:'濟水又南當鞏縣北,南入于河,與河合流,又東過成皋縣北,又東過滎陽縣北,又東北至礫磎南東出,過滎澤北,又東至乘氏縣西分爲二:其一水東南流,其一水從縣東北流入鉅野澤,過乘氏縣,又東北過甲下邑,入于河,又東北入海。'注:'濟水東北至甲下邑南,東歷琅槐縣故城北。'《山海經》:'濟水絶鉅野,注渤海,入齊琅槐東北者也。過河内、河南、陳留、濟陰、東郡、泰山、濟南、齊、千乘九郡。'"

陳留郡封邱縣:濮渠水首受泲,東北至都關入羊里水。過郡三,行六百三十里。

《水經》:"濟水過乘氏縣與濮渠合。"注:"北濟自濟陽縣北又東北逕定陶縣故城北，又東北與濮水會，上承濟水于封邱縣，即《地理志》所謂濮渠水首受濟者也。"《水經》又云："瓠子河出東郡濮陽縣北，河東至濟陰句陽縣爲新溝，又東北過廩邱縣爲濮水。"注："濮水支渠又東北，逕句陽縣之小成陽城東，故垂亭西，而北入瓠河。《地理志》曰：'濮水首受泲于封邱縣東北，至都關入羊里水者也。'過東郡、濟陰、山陽三郡。"

泰山郡萊蕪縣：原山，淄水所出，東至博昌入泲。又《禹貢》："汶水出西南，入泲。"汶水，桑欽所言。

《續漢志》："泰山郡萊蕪有原山，淄水出。"《水經》："淄水出泰山萊蕪縣原山，又東北過臨淄縣東，又東過利縣東，又東北入于海。"《括地志》："淄州淄川縣東北七十里原山，淄水所出。"案：淄水自博昌以下入馬車瀆，與時水通稱。《水經》言入海者，據下流而言也。《説文解字》："桑欽説汶水出泰山萊蕪，西南入泲。"《水經》："汶水出泰山萊蕪縣原山，西南過嬴縣南，又西南過壽張縣北，又西南至安民亭入于濟。"

齊郡臨淄縣：如水西北至梁鄒入泲。

《水經注》："京相璠曰：'今臨淄唯有澅水西北入泲，即《地理志》之如水矣。'又云：'時水又屈而逕杜山北，又有澅水注之，水出時水，東去臨淄城十八里，所謂澅中也，西北入于時水。時水又西北，逕西安縣故城南，又西至石洋堰分爲二水，枝津西北至梁鄒入泲。'"

齊郡昌國縣：德會水西北至西安入如。

《水經注》："時水自西安城西南分爲二水，枝津別出西流，德會水注之水出昌國縣黄山，西北流逕昌國縣故城南，又北流注時水。"

齊郡鉅定縣：馬車瀆水首受鉅定，東北至琅槐入海。

《水經注》："淄水又東，逕巨淀縣故城南，縣東南則巨淀湖。淄水又東北，馬車瀆水注之，首受巨淀。淀即濁水所注也。"又云："淄水入馬車瀆，亂流，東北逕琅槐故城南，又東北至皮邱坈入于海。”

千乘郡博昌縣：時水東北至鉅定入馬車瀆。

《水經注》：“時水出齊城西北二十五里，平地出泉，即如水也。時水又屈而東北逕博昌城北，又東北逕巨淀縣故城北，又東北逕廣饒縣故城北，東北入淄水，淄水入馬車瀆。”

齊郡廣縣：爲山，濁水所出，東北至廣饒入鉅定。

《説文解字》：“濁水出齊郡厲嬀山，東北入鉅定。”吕忱曰：“濁水一名溷水，出廣縣爲山。”《水經注》：“時水通謂濁水爲陽水，亦或通名之爲繩水。濁水又北逕益城西，又北流注巨淀。”

齊郡臨朐縣：石膏山，洋水所出，東北至廣饒入鉅定。

《説文解字》：“洋，水。出齊臨朐高山，東北入鉅定。”《水經注》：“世又謂陽水爲洋水。”余案：群書盛言洋水出臨朐縣，而陽水導源廣縣。兩縣雖鄰，川土不同，于事疑焉。

甾川國東安平縣：菟頭山，女水所出，東北至臨甾入鉅定。

《水經注》：“巨淀之右，又有女水注之，水出東安平縣之菟頭山，東北流，逕東安平縣故城南，東北入巨淀。”

濟陰郡乘氏縣：泗水東南至睢陵入淮，過郡六，行千一百一十里。

《説文解字》：“泗受泲水，東入淮。”《史記》集解引鄭玄云：“泗水出濟陰乘氏。”《水經》：“濟水東至乘氏縣西分爲二，其一水東流者過乘氏縣南，又東過方與縣北爲菏水，又東過湖陸縣南，東入于泗水，又東南過沛縣東北，又東過彭城縣北，又東至下邳睢陵縣南入于淮，過濟陰、山陽、沛、楚、東海、臨淮六郡。”

魯國卞縣：泗水西南至方與入涛。過郡三，行五百里。

《山海經》："泗水出魯東北而南，西南過湖陵西，而東南注東海入淮陰北。"郭璞曰："今泗水出魯國卞縣西南，至高平湖陵縣東南，經沛國彭城下邳，至臨淮下相縣入淮。"《水經》："泗水出魯卞縣北山，西南過魯縣北，又南過方與縣東，又屈東南，過湖陸縣南，又東過沛縣縣東，又東南過彭城縣東北，又東南過下邳縣西，又東南入于淮。"案：《志》：泗水自方與入涛，以下"涛水"即爲"泗水"。上文所記"泗水入淮"即涛水也。《水經》："濟泗分流。"故注云"濟與泗亂，故沛納兩稱"，又云"濟水與泗水渾濤東南，流至角城同入淮"，皆與《志》異。謹案：依《志》泗水自方與入涛，過魯、山陽二郡，今作"三郡"，當有譌脱。

魯國蕃縣：南梁水西至胡陵入涛渠。

《水經注》："泗水又左會南梁水。《地理志》曰：'水出蕃縣。'今縣之東北平澤出泉若輪焉，發源成川，西南流逕魯國蕃縣故城東，又屈逕城南。《地理志》曰：'其水西流，注于涛。'《經》無南梁之名，而有涓涓之稱，疑即是水也。"

山陽郡湖陵縣：《禹貢》："浮于淮泗，通于河，水在南。"

《説文解字》："菏澤水在山陽胡陵。"《禹貢》："浮于淮泗，達于菏。"《水經》："泗水又南過方與縣東，菏水從西來注之。"注："菏水即涛水之所苞注以成湖澤也。而東與泗水合于湖陵縣西六十里穀庭城下。"《太平寰宇記》："菏水即涛水，一名五丈溝，去縣十里東南流，合泗水。"案：今《尚書》作"達于河"，《釋文》曰："河，如字。"《説文》作"菏"，古字通用。

山陽郡平樂縣：泡水東北至沛入泗。

《説文解字》："泡，水。出山陽平樂東北入泗。"《水經注》："豐水又東逕平樂縣右合泡水。水上承睢水于下邑縣界[一]，又東逕沛縣故城南，豐水于城南東注泗，即泡水也。"《元和郡縣志》："沛縣泡水即豐水也，西去縣百五十步。"

梁國蒙縣：獲水首受甾獲渠，東北至彭城入泗。過郡三，行五百五十里。

《水經》："獲水出汳水于梁郡蒙縣北，又東過蕭縣南〔二〕，又東至彭城縣北，東入于泗。"注："獲水于彭城西南迴而北流，逕彭城。獲水又東轉，逕城北而東注泗。"又云："汳水又東，逕濟陽考城縣故城南爲菑獲渠。過梁、沛、楚三郡。"

陳留郡浚儀縣：睢水首受狼湯水，東至取慮入泗，過郡四，行千三百六十里。

《水經》："汳水出陰溝于浚儀縣北。"注："陰溝即蒗蕩渠也。"案：汳，通作"汴"。杜預曰："汴水自滎陽受河，睢水受汴。"東經陳留、梁國、譙郡、沛國至彭城縣入泗。《水經》："睢水出梁郡鄢縣，又東過睢陽縣南，又東過相縣南屈，從城北東流，當蕭縣南入于陂。"注："睢水又東南流逕下相縣故城南，東南流入于泗。《經》止蕭縣，非也。"《太平寰宇記》："《輿地志》云：'汴水自滎陽受睢水，東至陳留彭城南入泗。'過陳留、梁、沛、臨淮四郡。"

泰山郡蓋縣：樂于山，洙水所出，西北至蓋入池水，又沂水南至下邳入泗。過郡五，行六百里。

《説文解字》："洙，水。出泰山，蓋臨樂山北入泗。"《水經》："洙水出泰山蓋縣臨樂山，西南至卞縣入于泗。"注："或作'池'字，蓋字誤也。《周禮》注：'沂山，沂水所出也，在蓋。'《説文解字》：'沂，水。出東海費東，西入泗。一曰沂水出泰山，蓋《水經》沂水出泰山蓋縣艾山南，過琅邪臨沂縣東，又南過開陽縣東，又南過下邳縣西南，入于泗。過泰山、魯、城陽、琅邪、東海五郡。"

泰山郡南武陽縣：冠石山，治水所出，南至下邳入泗。過郡二，行九百四十里。

《水經注》："沂水又南逕臨沂縣故城東，有治水注之，水出泰山南武陽縣之冠石山。應劭《地理風俗記》曰：'武水出焉。蓋水異名也。'"案：《注》不云入泗而云入沂，《泗水篇》又有武水，云至下邳入泗，而其出不云南武陽冠石山，然則《志》言入泗者，亦由沂以入泗也。過泰山、東海二郡。

琅邪郡東莞縣：術水南至下邳入泗，過郡三，行七百一十里。

《水經》："沭水出琅邪東莞縣西北山，東南過其縣東，又東南過莒縣東，又南過陽都縣東，入于沂。"注："沭水又南逕東海厚邱縣南，放淮陽宿預縣，注泗水。《地理志》所謂到下邳注泗者也。《經》言于陽都入沂，非矣。過琅邪、城陽、東海三郡。"

東海郡容邱縣：桐水 舊本作"祠水"，誤。東南至下邳入泗。

《水經注》："桐水出西北東海容邱縣東南，至下邳入泗。"

東郡東武陽縣：《禹貢》："漯水東北至千乘入海，過郡三，行千二百里。"

《續漢志》："東武陽，濕水出。"《説文解字》："濕，水。出東郡東武陽入海。"應劭曰："漯水出東武陽東北入海。"案：自河平三年河決平原，流入濟南千乘，東漢以後河遂與漯合，故《水經》敘漯水于河水之後。《史記》："禹釃二渠以引其河。"孟康曰："其一則漯川，永平中王景修汴渠，汴河分流，導之千乘入海，即漯水也。"《水經注》："今漯水上承河水于武陽東南，又逕高唐縣故城東，又東北逕千乘縣二城間，亂河枝流而入于海。過東郡、平原、千乘三郡。"

平原郡高唐縣：桑欽言：漯水所出。

《續漢志》:"高唐,漯水出。"《説文解字》:"桑欽云出平原高唐。"《水經》:"河水又東北過高唐縣東。"注:"河水于縣,漯水注之,水自城東北逕東武陽縣故城南。"應劭曰:"縣在武水之陽。"然則漯水亦或武水矣。桑氏所言蓋津流所出,次于是間也。

琅邪郡箕縣:《禹貢》:"濰水 舊本"濰"或作"維",或作"淮",皆字之省。北至都昌入海。過郡三,行五百二十里。"

《説文解字》:"濰,水。出琅邪箕屋山,東入海。"《水經》:"濰水出琅邪箕縣濰山,又東北過都昌縣東,又東北入于海。"注:"濰水導源濰山。許慎、吕忱云濰水出箕屋山,《淮南子》曰:'濰水出覆舟山',蓋廣異名也。"《元和郡縣志》:"莒縣濰山在縣東北三十八里,濰水所出也。"案:過琅邪、高密、北海三郡。

琅邪郡折泉縣:折泉水,北至箕入濰。

《水經注》:"濰水東北逕箕縣故城西,又西析泉水注之,水出析泉縣北松山,東南流逕析泉縣東,又東南逕仲固山東北,流入于濰。"《太平寰宇記》:"莒縣,今縣東北分流,山之北有涓水源,其涓水即古析泉水也。"

琅邪郡横縣:故山,久台水所出,東南至東武入濰。

《水經注》:"濰水又北,右合盧水,即久台水也"。《地理志》曰:"水出琅邪横縣故山,西北流逕昌都縣故城西,東北流逕東武縣故城東,而西北入濰。"《太平寰宇記》:"諸城縣,盧水出縣東南盧山,亦名久台水。"

琅邪郡靈門縣:壺山,浯水所出,東北入濰。

《説文解字》:"浯,水。出琅邪靈門壺山,東北入濰。"《水經注》:"浯水出峿山,世謂之巨平山也,東北逕姑幕縣故城東,又東北逕平昌縣故城北,又東北流而注于濰水。"

琅邪郡朱虚縣:東泰山,汶水所出,東至安邱入濰。

《説文解字》:“汶,水。出琅邪朱虚東泰山,東入濰。”《水經》:“汶水出朱虚縣泰山,北過其縣東,又北過淳于縣西[三],又東北入于濰[四]。”注:“伏琛、晏謨并言水出縣東南峿山,山在小泰山東者也。”《太平寰宇記》:“北海縣汶水在縣東南六十里,源出沂水縣小泰山,入縣界,合濰水入海。”

北海郡桑犢縣:覆甑山,溉水所出,東北至都昌入海。

《説文解字》:“溉,水。出東海桑犢覆甑山[五],東北入海。”《水經注》:“溉水出桑犢亭東覆甑山,北逕斟亭西北,又北逕寒亭西而入別畫湖。”又云:“別畫湖亦曰朕懷湖,湖東西二十里,南北三十里,東北入海。”

甾川國劇縣:義山,蕤水所出,北至壽光入海。

《水經注》:“堯水出劇縣南角崩山,即故義山也,水即蕤水矣。又東北逕東西壽光二城間,又東北注巨洋。《地理志》曰:‘蕤水自劇東北至壽光入海,沿其徑趣即是水也。’”

東萊郡腄縣:聲洋,丹水所出,東北入海。

《太平御覽》引此作“梁山,丹水所出”。《太平寰宇記》:“聲洋水謂之清洋水。”

東萊郡曲成縣:陽邱山,治水所出,南至計斤入海。舊本作“至沂入海”。

《説文解字》:“治,水。出東萊曲城陽邱山,南入海。”

琅邪郡朱虚縣:凡山,丹水所出,東北至壽光入海。

《水經注》:“《地理風俗記》曰:‘丹山在西南,丹水所出,東入海。’丹凡字相類,丹水有二源,各導一山,西丹水自凡山北流,逕劇縣故城東,東丹水注之，水出方山，北逕縣合西丹水而亂流，丹水又東北逕望海臺東，東北注海。"

琅邪郡郑縣：膠水，東北至平度入海。謹案：今《志》作"東至平度"，《水經注》引作"北至平度"。

《水經》："膠水出黔陬縣膠山，北過其縣西，又北過夷安縣東，又北過當利縣西，北入于海。"注："《齊記》曰：'膠水出五弩山，蓋膠山之殊名也。'《魏書·地形志》：'東武郡梁鄉縣有五弩山，膠水出焉。'"

琅邪郡櫃縣：櫃艾 舊本作"根艾"，誤。水，東入海。

《水經注》："櫃艾水出黔陬縣西南櫃艾山，即《齊記》所謂黔艾山也。東北流逕櫃縣故城西，又東北逕黔陬城西，又東入海。"《太平寰宇記》："高密縣故相城，俗亦謂之王城，有櫃艾水，東入海，因名。"

琅邪郡椑縣：夜頭水，南入海。

《太平寰宇記》："《輿地志》云：'向水南至海，夜頭，向水，蓋異名也。'"

南陽郡平氏縣：《禹貢》："桐柏大復山在東南，淮水所出。"東南至淮浦入海。過郡四，行三千二百四十里。謹案：《志》作"至淮陵入海"。

《續漢志》："南陽郡平氏縣桐柏大復山，淮水出。"《説文解字》："淮，水。出南陽平氏桐柏大復山，東南入海。"《水經》："淮水出南陽平氏縣胎簪山，東北過桐柏山，又東至廣陵淮浦縣入于海。"注："淮水與醴水同源，西流爲醴，東流爲淮，潛流地下三十許里，東出桐柏之大復山南，謂之陽口。故《經》云'東北過桐柏'也。"郭璞曰："今淮水出義陽平氏縣桐柏山山東，北逕汝南、汝陰、淮南、譙國、下邳，經淮陰縣入海。"過南陽、江夏、汝南、廬江、九江、臨淮六郡。今本作"四"者，字之誤也。

汝南郡定陵縣：高陵山，汝水所出，東南至新蔡入淮，過郡四，行千三百四十里。

《山海經》："汝水出天息山，在梁勉鄉西南入淮，極西北。"《水經》："汝水出河南梁縣勉鄉西天息山，東南過其縣北，又東南過潁川郟縣南，又東南過定陵縣北，又東南過郾縣北，又東南過汝南、上蔡縣西，又東南過平輿縣南，又東至原鹿縣南入于淮。"《説文解字》："汝，水。出弘農盧氏還歸山，東入淮。"郭璞曰："今汝水出南陽魯陽縣大盂山，東北至河南梁縣東南，經襄城、潁川、汝南至汝陰褒信縣入淮。"案：汝水一源出盧氏，一源出魯陽大盂山，一源出梁天息山，皆定陵之上流。《淮南子》："汝出猛山。"高誘曰："猛山一曰高陵山。"《晋地道記》曰："高陵山，汝水所出。"所言皆與《志》合。過汝南、潁川二郡，今作"四"者，後人所改也。

南陽郡魯陽縣：堯山，滍水所出，東北至定陵入汝。又有昆水，東南至定陵入汝。

《説文解字》："滍，水。出南陽魯陽堯山，東北入汝。"《水經》："滍水出南陽魯陽縣西之堯山，東北過潁川定陵縣西北，又東過郾縣南，東入于汝。"注："滍水東逕西不羹亭南，于定陵城北，東入汝。"又云："汝水又東南，昆水注之。水出魯陽縣唐山，東南流逕昆陽縣故城西，又東逕定陵城南，又東注汝水。"

南陽郡雉縣：衡山，澧水所出，東至郾入汝。

《説文解字》："澧，水。出南陽雉衡山，東入汝。"《水經注》作："醴水出南陽雉縣。"亦云："導源雉衡，即《山海經》之衡山也。是山在雉縣界，故世謂之雉衡山。醴水東流，歷唐山下，東逕郾縣故城南，左入汝。"

南陽郡舞陰縣：中陰山，瀙水所出，東至上蔡入汝。

《山海經》："葴山，視水出焉，東南流注于汝水。"郭璞曰："視宜爲潕。潕水今在南陽也。"《説文解字》:"潕,水。出南陽舞陽中陽山,入潁。"《水經》:"潕水出潕陰縣東上界山,東過吴房縣南,又東過灈陽縣南,又東過上蔡縣南,東入汝。"

廬江郡雩婁縣:決水,北至蓼入淮,又有灌水亦北至蓼入決。過郡二,行五百一十里。

《説文解字》:"廬江有決水,出于大别山。"《水經》:"決水出廬江雩婁縣南大别山,北過其縣東,又北過安豐縣東,又北入於淮。"《説文解字》:"灌,水。出廬江雩婁,北入淮。"《水經注》:"決水自縣西北流,逕蓼縣故城東,又逕其北,灌水注之〔六〕。其水導源廬江金蘭縣西北東陵鄉大蘇山,即淮水也。灌水東北,逕蓼縣故城西而北注決水。過廬江、六安二郡。"

廬江郡金蘭:西北有東陵鄉,淮水出。

胡渭曰:"'淮'當作'灌'。《水經注》褚先生所謂神龜出于江灌之間、嘉林之中,蓋謂此水也。"全祖望曰:"《龜筴傳》作'江淮','淮'即'灌'也,非出桐柏之淮。"

廬江郡灊縣:沘山,沘水所出,北至壽春入芍陂。

《水經》:"沘水出廬江灊縣西南,霍山東北。東北過六縣,東北入于淮。"注:"'沘'字或作'淠'。淠水又西北逕六安縣故城西,又西北分爲二水,芍陂出焉。"又云:"陂周一百二十許里,在壽春縣南八十里。"

六安國六縣:如谿水,首受沘,東北至壽春入芍陂。

《水經注》:"泄水上承沘水于麻步川,西北出歷濡谿,謂之濡水也。"案:濡、如,聲相近。全祖望曰:"如谿水,即濡谿水也。"

潁川郡陽城縣:陽乾山,潁水所出,東南至下蔡入淮。過郡三,行千五百里。

《山海經》:"潁水出少室山入淮。"《説文解字》:"潁,水。出潁川陽城陽乾山,東入淮。"《水經》:"潁水出潁川陽城縣西北少室山,又東南至慎縣東,南入于淮。"注:"今潁水有三源奇發:右水出陽乾山之潁谷;中水導少室;左水出少室南,東合潁水。杜預曰:'潁水出河南陽城縣陽乾山,東南經潁川汝陰至淮南下蔡縣入淮。'"《元和郡縣志》:"潁陽縣陽乾山在縣東二十五里。"過潁川、汝南、沛三郡。

潁川郡陽城縣:陽城山,洧水所出,東南至長平入潁。過郡三,行五百里。

《説文解字》:"洧,水。出潁川陽城山,東南入潁。"《水經》:"洧水出河南密縣西南馬嶺山,又東南過新汲縣東北,又東南入于潁水。亦言出潁川陽城山,山在陽城縣之東北,蓋馬領之統目焉。洧水又南逕長平縣故城西,又東逕習陽城西,西南折入潁。"《元和郡縣志》:"密縣馬領山在縣南十五里,洧水所出。"過潁川、河南、汝南三郡。

河南郡滎陽縣:有狼湯渠,首受泲,東南至陳入潁。過郡四,行七百八十里。

《水經》:"河水又東過滎陽縣北,蒗蕩葉渠出焉。"注:"大禹塞滎陽,開之以通淮泗,即《經》所謂蒗蕩渠也。"又云:"渠出滎陽北,河東南過中牟縣之北,又東至浚儀縣,又屈南至扶溝縣北,其一者東南過陳縣也。"注:"《地道記》云:'城北有故沙,沙水又東而南屈,逕陳城東,謂之百尺溝,又東南流注于潁。"又云:"潁水又東南至新陽縣北,蒗蕩渠水從西北來注之。"注:"蒗蕩渠者,百尺溝之别名也。"過河南、潁川、汝南、淮陽四郡。

河南郡密縣:有大騩山,潩水所出,南至臨潁入潁。

《説文解字》:"潩,水。出河南密縣大隗山,南入潁。"《水經》:"潩水出河南密縣大騩山,東南入于潁。"注:"大騩即具茨山也。"《元和郡縣志》:"密縣大騩山在縣東南五十里,溴水源出于此。又長社縣溴水,俗名敕水,經縣西,其流出密縣大騩山。"

沛郡城父縣:夏肥水,東南至下蔡入淮。過郡二,行六百二十里。

《水經注》:"夏肥水上承沙水于城父縣,右出,東南流,逕城父縣故城南,又東逕思善縣之故城南。左合雞水而亂流東注,俱入于淮。"過九江、沛二郡。

淮陽國扶溝縣:渦水,首受狼湯渠,東至向入淮,過郡三,行千里。

《説文解字》:"過,水。受淮陽扶溝浪湯渠,東入淮。"《水經》:"陰溝水出河南陽武縣蒗蕩渠,東南至沛爲過水,又東南至下邳淮陵縣入于淮。"過淮陽、沛二郡。

陳留郡陳留縣:魯渠水,首受狼湯渠,東至陽夏入渦渠。

《水經注》:"沙水又東南,逕牛首鄉東南,魯溝水出焉,亦謂之宋溝也,又逕陳留縣故城南,又東南逕圉縣故城北,又東南至陽夏縣故城西,又南入渦。"

臨淮郡淮浦縣:游水北入海。

《水經注》:"淮水于縣枝分,北爲游水,歷朐縣,又北逕東海利城縣故城之東,又北逕祝其縣故城西,左逕琅邪計斤縣故城之西,又東北逕贛榆縣北,東北入海。"

宿松羅忠濟初校

黟縣黄士陵覆校

陽湖吴翊寅再覆校

## 校勘記：

〔一〕睢：原作“瞧”，形近而譌，按上文有睢水，無瞧水。

〔二〕蕭縣：原作“簫縣”，前人寫字從竹從艸每多混通，今爲免誤解起見，改爲正字。

〔三〕淳：原作“湻”，係清人避同治皇帝載淳諱而改，今回改，下遇此徑改，不復出校。

〔四〕于：原誤作“干”，據《水經注》卷二十六校正。

〔五〕東海：原作“北海”，據清陳昌治本《説文解字》改。

〔六〕注之：原作“主之”，與上下文義不協，據《水經注》卷三十二改。

# 漢志水道疏證卷三

臨海　洪頤煊撰

蜀郡湔氐道:《禹貢》:"禹山在西徼外,江水所出,東南至江都入海。"過郡七,行二千六百六十里。

《山海經》:"岷山,江水出焉,東北流注于海。"《説文解字》:"江,水。出蜀湔氐徼外崏山,入海。"《水經》:"岷山在蜀郡氐道縣,大江所出。"注:"岷山即瀆山,又謂之汶阜山,在徼外,江水所導也。"郭璞曰:"今江水出汶山郡升遷縣岷山,東南經蜀郡、犍爲至江陽東北,經巴東、建平、宜都、南郡、江夏、弋陽、安豐至廬江南界,東北經淮南、下邳至廣陵郡入海。"案:《禹貢》:"嶓冢導漾,東流爲漢,至東匯澤爲彭蠡,東爲北江,入于海。岷山導江,至東迆北,會于匯東爲中江,入于海。"《志》于蕪湖下云:"中江出西南,東至陽羨入海。"毘陵下云:"北江在北,東入海。"吴下云:"南江在南,東入海。大江至江都入海。"以北岸言之曰江都,以南岸言之曰毘陵。大江即北江也,與《禹貢》所言異矣。過蜀、犍爲、巴郡、南郡、長沙、江夏、廬江、丹陽、廣陵九郡。今作"七"者,字之誤也。

蜀郡有小江八,并行千九百八十里。

《釋名》:"江,共也。小水流入其中所公共也。"《水經注》:"《益州記》曰:'大江泉源即今所聞,始發羊膞嶺下緣崖,散漫小水百數,殆未濫觴矣。"

蜀郡郫縣:《禹貢》:"江沱在西,東入大江。"

《説文解字》:"沱,江别流也。出嶓山東,别爲沱。"郭璞曰:"沱水自蜀郡都安縣湔山與江别而東流。"《水經》:"《益州記》:'沱水在蜀郡汶江縣西南,其一在郫縣西南,皆還入江。'"注:"江水又東,别爲沱,開明之所鑿也。"

蜀郡江原縣:鄗水,首受江,南至武陽入江。

《水經注》:"鄗江水出江原縣,首受大江,東南流,至武陽縣,注于江。"《元和郡縣志》:"唐興縣鄗江,一名皁江,經縣東二里。"

蜀郡臨邛縣:僕干水,東至武陽入江。過郡二,行五百一十里。

《水經注》:"江水至蜀郡臨邛縣與布僕水合,水出徼外。成都西沈黎郡從水縣西,分爲二流:一水又東逕臨邛縣入文井水,文井水又東逕江原縣,又東至武陽縣天社山下入江。"過蜀、犍爲二郡。

蜀郡汶江縣:渽水,出徼外,南至南安東入江。過郡三,行三千四十里。江沱在西南,東入江。

《説文解字》:"涐,水。出蜀汶江徼外,東南入江。"《水經注》:"渽水出徼外,逕汶江道。吕忱曰:'渽水出蜀。許慎以爲涐水也。'南至南安入大渡水,又東入江。"過蜀、越嶲、犍爲三郡。

蜀郡青衣縣:《禹貢》:"蒙山谿大渡水,東南至南安入渽。"

《水經注》:"青衣縣南有蒙水,即大渡水也。水發蒙谿,東南流,與渽水合。"《括地志》:"蒙山在雅州嚴道縣南十里。"《元和郡縣志》:"羅目縣,大渡水在縣南二百步。"

蜀郡嚴道:邛來山,邛水所出,東入青衣。

《山海經》:"來山,江水出焉,東流注于大江。"郭璞曰:"邛來山,今在漢嘉嚴道縣南，江水所自出也。"《水經》："江水又東南過犍爲武陽縣，青衣水、沫水從西南來，合而注之。"又云："青衣水出青衣縣西蒙山。"注："青衣水又東，邛水注之。水出漢嘉嚴道邛來山，東至蜀郡臨邛縣東入青衣水。"《元和郡縣志》："榮經縣邛來山在縣西十里。"

犍爲郡南廣縣：汾關山，符黑水所出，北至僰道入江。又有大涉水，北至符入江。過郡三，行八百四十里。

《水經注》："江水又與符黑水合，水出寧州南廣郡南廣縣，導源汾關山，北流，有大涉水注之，水出南廣縣，北流注符黑水，又北逕僰道入江。"案《水經注》："大涉水無遇郡，疑别有正流，遠出徼外，其源不可考矣。"

越嶲郡遂久縣：繩水出徼外，東至僰道入江。過郡二，行千四百裏。

《水經》："江水，又東南，過僰道縣北，若水、淹水合，從西來注之。"又云："淹水出越嶲遂久縣徼外，東南至蜻蛉縣，又東過姑復縣南，東入于若水。"《説文解字》："淹，水。出越嶲徼外，東入若水。"案：淹水，即"繩水"也，因字形相近而别。《水經注》："繩水出徼外。《山海經》曰：'巴遂之山，繩水出焉。'東南流，分爲二水：其一枝流東出，逕廣柔縣東流注于江；其一水南逕旄牛道，至大莋與若水合，自下亦通謂之爲繩水矣。"過越嶲、犍爲二郡。

益州郡弄棟縣：東農山，母血水出，北至三絳，南入繩，行五百一十里。謹案：三絳，《郡國志》作"三縫"，是也。

《續漢志》補注："《地道記》：'連山，無血水所出。'"《水經注》："毋血水出益州郡弄棟縣東農山毋血谷，北流逕三絳縣南，北入繩。"。

益州郡牧靡縣：南山臘谷，涂水所出，西北至越嶲入繩。過郡二，行千二十里。

《説文解字》："涂，水。出益州牧靡南山，西北入繩。"《水經注》："涂水出建寧郡之牧靡縣南山，涂水導源臘谷，西北流至越嶲入繩。”過益州、越嶲二郡。

蜀郡旄牛縣：鮮水出徼外，南入若水。若水亦出徼外，南至大莋入繩。過郡二，行千六百里。

《水經》：“若水出蜀郡旄牛徼外，東南至故關爲若水也。南過越嶲邛都縣西，直南至會無縣，又東北至犍爲朱提縣西，又東北至僰道縣入于江。”注：“若水東南流，鮮水注之，一名州江。大渡水出徼外，至旄牛道南流，入于若水。”又云：“若水至僰道縣，繩水、瀘水、孫水、淹水、大渡水，隨決入而納通稱，是以諸書録記群水，或言入若，或言注繩，亦或言至僰道入江。正是異水沿注，通爲一津。”《後漢書》注：“瀘水一名若水，出旄牛徼外，經朱提至僰道入江。”過蜀、越嶲二郡。

越嶲郡臺登縣：孫水南至會無入若，行七百五十里。

張揖曰：“孫水出臺登縣，南至會無入若水。”《水經注》：“孫水出臺高縣，即臺登縣也。孫水一名白沙江，南流逕邛都縣，又南至會無入若水。”

越嶲郡蘇示縣：尼江在西北。

《太平寰宇記》：“蘇祁縣居池。”《山海經》云：“越嶲蘇祁有居池，今謂曲池是也。”案：尼江，疑“居池”之譌。

蜀郡緜虒縣：玉壘山，湔水所出，東南至江陽入江，過郡三，行千八百九十里。

《説文解字》：“湔，水。出蜀郡緜虒玉壘山，東南入江。”《水經注》：“湔水出緜道，亦曰緜虒縣之玉壘山，下注江。”過蜀、廣漢、犍爲三郡。

廣漢郡雒縣：章山，雒水所出，南至新都谷入湔。

《水經》:“江水又東過江陽縣南,洛水從三危山東過廣魏洛縣南,東南注之。”注:“洛水出洛縣漳山,亦言出梓潼柏山。洛水又南,逕新都縣與緜水合,又與湔水合,亦謂之郫江也。”《元和郡縣志》:“雒縣雒水在縣東一里。”

廣漢郡緜竹縣:紫巖山,緜水所出,東至新都北入雒。

《續漢志·緜竹》補注:“《地道記》曰:‘有紫巖山,緜水之所出焉。’”《華陽國志》:“緜水出紫巖山,逕緜竹入洛,東流過資中,會江陽。”注:“緜水西出緜竹縣,至江陽縣方山,下入江。”《元和郡縣志》:“緜竹縣紫巖山在縣西北三十里。”

隴西郡西縣:《禹貢》:“嶓冢山在西,西漢水所出。南入廣漢白水,東南至江州入江。過郡四,行二千七百六十里。”

《水經注》:“《華陽國記》:‘漢水有二源:東源出武都氐道縣漾山爲漾水,《禹貢》導漾東流爲漢是也。西源出隴西西縣嶓冢山,會白水,逕葭萌入漢。案:常璩所言與《志》合。’”《水經》:“漾水出隴西氐道縣嶓冢山,東至武都沮縣爲漢水,又東南至廣魏白水縣西,又東至葭萌縣東北與羌水合,誤以東漢水之源合于西漢水。”又《華陽國記》于西漢水下誤云“始源曰沔”,後人因紛紛致疑,皆誤也。過隴西、武都、廣漢、巴四郡。

廣漢郡甸氐道:白水出徼外,東至葭萌入漢。過郡一,行九百五十里。

《山海經》:“白水出蜀而東南注江,入江州城下。”《水經注》:“白水西北出于臨洮縣西南西傾山,東南逕陰平道故城南,即廣漢之北部也,又東南逕白水縣故城東,又東南逕吐費城南,東南流注漢水。”

隴西郡羌道:羌水出塞外,南至陰平入白水。過郡二,行六百里。

《水經》:"羌水出羌中參狼谷,又東南至廣魏白水縣與漢水合,又東南過巴郡閬中縣,又南至墊江縣東南入于江。"注:"彼俗謂之天池白水矣。《地理志》曰:'出隴西羌道,東南流逕宕昌城東,又東逕宕婆川城東南,北注羌水。'"《元和郡縣志》:"丹嶺縣湫池在縣西八十里,蓋古之天池大澤,白水之源蓋出此也。"過隴西、廣漢二郡。謹案:戴校《水經注》云"南北注羌水"五字,近刻之譌。蓋羌水至白水縣與西漢水合,又南入江也。

廣漢郡剛氐道:涪水出徼外,南至墊江入漢。過郡二,行千六十九里。

《説文解字》:"涪水出廣漢剛氐道徼外,南入漢。"《水經》:"涪水出廣魏涪縣西北,南至小廣魏與梓潼合,又西南至小廣魏,南入于墊江。"過廣漢、巴二郡。

廣漢郡梓潼縣:五婦山,馳水所出,南入涪,行五百五十里。

《水經注》:"五婦山又曰五婦堠,馳水所出,一曰五婦水,亦曰潼水也。其水導源山中,南逕梓潼縣,自縣西逕涪城東,又南入于涪水。

巴郡朐忍縣:容毋水所出,南入江。

《水經注》:"江水又東,右得將龜谿口。《華陽記》曰:'朐忍縣出靈龜,咸熙元年獻龜于相府,言出自此谿也。'"全祖望曰:"《漢志》:'朐忍縣,容毋水所出。'即此谿也。"

巴郡宕渠縣:潛水西南入江,不曹水出東北,南入灊徐谷。

《説文》:"灊水出巴郡宕渠,西南入江。"《水經》:"潛水出巴郡宕渠縣,又南入于江。"注:"縣西北有不曹水,南逕其縣,下注潛水。"《水經》又云:"江水又東北至巴郡江州縣東,强水、涪水、漢水、白水、宕渠水五水合,南流注之。"注:"宕渠水即潛水矣。"

南郡巫縣：夷水東至夷道入江。過郡二，行五百四十里。

應劭曰："夷水出巫，東入江。"《水經》："江水又東南過夷道縣北，夷水從佷山縣南，東北注之。"又云："夷水出巴郡魚復縣江東南，過佷山縣南，又東過夷道縣北，東入于江。"過巴、南二郡。

南郡枝江縣：江沱出西南，東入江。

《水經》："荆州沱水在南郡枝江縣。"注："江水又東逕上明城北，江沱枝分，東入大江。"

漢中郡房陵縣：東山，沮水所出，東至郢入江，行七百里。

《説文解字》："沮，水。出漢中房陵，東入江。"《水經》："沮水出漢中房陵縣睢山，東南過臨沮縣界，又東南過枝江縣，東南入于江。"

南郡高成縣：洈山，洈水所出，東入繇。繇水南至華容入江，過郡二，行五百里。

《山海經》："宜諸之山，洈水出焉，而南流注于江。"郭璞曰："今洈水出南郡東洈山，至華容縣入江也。"《説文解字》："洈，水。出南郡高城洈山，東入繇。"又云："油，水。出武陵孱陵西，東南入江。"《水經》："油水出武陵孱陵縣西界，東過其縣北，又東北入于江。"注："縣有白石山，油水出，東逕其縣西，與洈水合。水出高城縣洈山，東逕其縣下，東至孱陵縣入油水也。"《水經》又云："江水又東南，當華容縣南，又東南，油水從東南來注之。"過武陵、南郡二郡。

牂柯郡故且蘭縣：沅水東南至益陽入江，過郡二，行二千五百二十里。

《山海經》："沅水出象郡鐔成西，入東注江。"《説文解字》："沅，水。出牂柯故且蘭，東北入江。"《水經》："沅水出牂柯且蘭縣爲旁溝水，又東至鐔成縣爲沅水，又東至長沙下雋縣西北入于江。"《後漢書》注："沅水出牂柯故且蘭東北，經辰州、潭州、岳州，經洞庭湖入江。"過牂柯、長沙二郡。

武陵郡無陽縣：無水首受故且蘭，南入沅，行八百九十里。

《水經注》："無水出故且蘭，南流至無陽故縣，無水又東南入沅。"

武陵郡義陵縣：鄜梁山，序水所出，西入沅。

《水經注》："序溪水出武陵郡義陵縣鄜梁山，西北流逕義陵縣，又西北入于沅。"

武陵郡辰陽縣：三山谷，辰水所出，南入沅，行七百五十里。

《水經注》："沅水又東逕辰陽縣南，東合辰水，水出縣三山谷，東南流逕其縣北，又右會沅水，名之爲辰溪口。"《元和郡縣志》："麻陽縣三山谷一名辰山，在縣西南百三十五里。"

武陵郡索縣：漸水，東入沅。

《水經注》："沅水又東入龍陽縣，有澹水出漢壽縣西陽山，南流東折，逕其縣南。闞駰以謂興水所出，東入沅。而是水又東歷諸湖方南流注沅，亦曰漸水也。"謹案：戴校《水經注》，"西陽山"作"西楊山"。

武陵郡充縣：酉原山，酉水所出，南至沅陵入沅。歷山，澧水所出，東至下儁入沅。過郡二，行千二百里。謹案：今《志》至沅陵入沅下有"行千二百里"五字，當補。

《水經注》："酉水導源益州巴郡臨江縣，故武陵之充縣酉原山，東南流逕無陽故縣南，東逕酉陽故縣南，又東逕沅陵縣北，又南注沅水。"《水經》："澧水出武陵充縣西歷山，東過其縣南，又東過零陽縣之北，又東過作唐縣北，又東至長沙下儁縣西北，東入于江。"注："澧水又東南注于沅水。"過武陵、長沙二郡。

零陵郡都梁縣：資水所出，東北至益陽入沅。過郡二，行千八百里。

《水經》："江水又東至長沙下雋縣北，沅水、資水合，東流注之。"又云："資水出零陵都梁縣路山，東北過夫夷縣，又東北過邵陵縣之北，又東北過益陽縣北，又東與沅水合于湖中，東北入于江也。"注："資水出武陵郡無陽縣界唐糺山，蓋路山之别名也。"過零陵、長沙二郡。

牂柯郡鐔縣：不狼山，鐔水所出，東入沅。過郡二，行七百三十里。

《續漢志》補注："《地道記》：'不狼山，鐔水所出。'"《水經注》："縣有鐔水，出鐔邑西不狼山，東與温水合。案：《志》：'鐔水入沅。'"《水經注》："鐔水入延江水，延江水入西水，西水入沅，皆互受之通稱也。"過牂柯、武陵二郡。

犍爲郡符縣：温水南至鐔入黚水，黚水亦南至鐔入江。

《水經》："温水一曰煖水，出犍爲符縣而南入黚水，黚水亦出符縣，南與温水會。"闞駰謂之闞水，俱南入鐔水。鐔水于其縣而東注于延江水。《説文解字》："温，水。出犍爲涪，南入黔水。"案：黔、黚，聲相近。

犍爲郡漢陽縣：山闟谷，漢水所出，東至鐔入延。

《水經注》："漢水出犍爲漢陽縣山闟谷，東至鐔入延江水也。"

零陵郡零陵縣：陽海山，湘水所出，北至酃入江。過郡二，行二千五百三十里。

《續漢志》："零陵陽朔山，湘水出。"《説文解字》："湘，水。出零陵陽海山，北入江。"《水經》："湘水出零陵始安縣陽海山，東北過零陵縣東，又北過下雋縣西，又北至巴邱山入于江。"注："即陽朔山也。應劭曰：

‘湘出零山。’蓋山之殊名也。”《元和郡縣志》:“全義縣,湘水出東南八十里陽朔山下。”過零陵、長沙二郡。

長沙國荼陵縣〔一〕:泥水,西入湘,行七百里。

《水經》:“洣水出荼陵縣上鄉,西北過其縣西,又西北過攸縣南,又西北過陰山縣南,又西北入于湘。”注:“《地理志》謂之泥水也。”

桂陽郡郴縣:耒山,耒水所出,西至湘,南入湖。

《水經》:“耒水出桂陽郴縣南山,又北過其縣之西,又北過便縣之西,又西北過耒陽縣之東,又北過酃縣東北入于湘。”

桂陽郡耒陽縣:舂山,舂水所出,北至酃入湖。過郡二,行七百八十里。

《續漢志》補注:“《湘中記》:‘有舂水注湘。’”《水經注》:“《十三州志》曰:‘大别水,南出耒陽太山,北至酃縣入湖。’”案:舂、泰,字形相近,疑即此水也。過桂陽、長沙二郡。

隴西郡氐道:《禹貢》,養水所出,至武都爲漢。

《説文解字》:“漾水出隴西柏道,東至武都爲漢。古文作‘瀁’。”《水經》:“漾水出隴西氐道縣嶓冢山,東至武都沮縣爲漢水。”注:“闞駰云:‘漢或爲漾。漾水出崑崙西北隅,至氐道重源顯發而爲漾水。’許慎、吕忱并言漾水出隴西豲道,東至武都爲漢水。”案:《漢中記》曰:嶓冢以東,水皆東流。嶓冢以西〔二〕,水皆西流。即其地勢源流所歸,故俗以嶓冢爲分水嶺。漾水源出嶓冢以東,故《禹貢》于東漢水亦言“嶓冢導漾”也。今本《説文》作“柏道”,《水經注》引作“豲道”,皆字之誤。

武都郡武都縣:東漢水受氐道水,一名沔,過江夏謂之夏水,入江。

《尚書·禹貢》:“嶓冢導漾,東流爲漢。”《史記》集解引鄭玄云〔三〕:“《地理志》:‘瀁水出隴西氐道,至武都爲漢,至江夏謂之夏水。’《山海經》:‘嶓冢之山,漢水出焉,而東南流注于沔。’應劭曰:‘沔水自江别至南郡華容爲夏水,過郡入江,故曰江夏。’”《史記》正義:“夏水口在荆州江陵縣東南二十五里。”

武都郡沮縣:沮水出東狼谷,南至沙羨入江。過郡五,行四千里。

《説文解字》:“沔,水。出武都沮縣東狼谷,東南入江。或曰入夏水。”《水經》:“沔水出武都沮縣東狼谷中,又東南過江夏雲杜縣東,夏水從西來注之,又南至江夏沙羨縣北南入于江。”注:“沔水一名沮水。闞駰曰:‘以其初出沮洳然,故曰沮水。’”《後漢書》注:“沔水源出武都東狼谷中,即漢水之源也〔四〕。”案:沮、沔互通,故《説文解字》《水經》并以沮水爲沔水,《志》:沮、沔各自入江。然《記》過郡于沮水下,沮大而沔小,故東京以後即以沮水爲沔水耳。過武都、漢中、南陽、南郡、江夏五郡。

武都郡河池縣:泉街水,南至沮入漢,行五百二十里。

《華陽國志》:“泉街縣水入沮合漢。”《水經注》:“泉街水出河池縣,東南入沮縣,會于沔。沔水又東南,逕沮水戍而東南流,注漢曰沮口,所謂沔漢者也。”

漢中郡南鄭縣:旱山,池水所出,東北入漢。

《續漢志·南鄭》補注〔五〕:“《華陽國志》曰:‘有池水從旱山來。’”《水經注》:“池水出旱山,俗謂之獠子水,夾溉諸田,散流,左注漢水。”

漢中郡安陽縣:鬵谷水出西南,北入漢;左谷出北,南入漢。

《水經》:“沔水又東,過魏興安陽縣南,涔水出自旱山,北注之。”注:“涔水出西南而東北入漢,左谷水出西南而東北入漢。左谷水出西北即埍水也。"《水經》又云："涔水出漢中南鄭縣東南旱山，北至沔陽縣入于沔。"鄭康成曰："安陽之潛，其尾入漢。"案：鬻、涔、潛，古字通用。謹案：《水經注》戴校云："左谷水出西南而東北入漢"十一字係衍文，蓋水出西北而東南入漢也。

南陽郡酈縣：育水出西北，南入漢。

《山海經》："支離之山，淯水出焉，南流注于漢。"郭璞曰："今育水出酈縣西北山，南入漢。"《說文解字》："淯，水。出弘農盧氏山，東南入沔。或曰出酈山西。"《水經》："淯水出弘農盧氏縣攻離山，又西過鄧縣，東南入沔。"注："淯水導源弘農，東流逕酈縣故城北。"

右扶風武功縣：褒水亦至衙領，南至南鄭入沔。

《水經注》："褒水西北出衙領山，東南逕大石門，歷故棧道下谷，又南逕褒縣故城東，又南流入于漢。"《元和郡縣志》："武功縣褒水源出縣西衙領川，斜水與褒水同源而派分，在縣北五里。"

弘農郡盧氏縣：熊耳山在東，又有育水南至順陽入沔，又有洱水東南至魯陽入沔。皆過郡二，行六百里。

《水經》："均水出析縣北山，南流過其縣之東，又南當涉都邑北，南入于沔。"注："均水發源弘農郡之盧氏縣熊耳山，又東南流注，逕其縣，又南流逕順陽縣西，又南流注于沔水，故《地理志》謂之育水，言'熊耳之山，育水出焉'。又東南到順陽入于沔。"案：《水經注》以淯水當酈縣育水，而以均水當盧氏育水。然二水源既相同，流亦不遠，其入漢入沔，疑亦枝津各别耳。《水經注》："洱水出弘農郡盧氏縣之熊耳山，東南逕酈縣北，又逕西鄂縣南，又東南流注于淯水。"《地理志》曰："熊耳之山出三水，洱水其一焉。"東南至魯陽入沔是也。皆過弘農、南陽二郡。

弘農郡析縣：黄水出黄谷，鞠水出鞠谷，俱東到酈入湍水。

《水經》:“湍水出酈縣北芬山,南流,過其縣東,又南過冠軍縣東,又東南至新野縣東,入于淯。”注:“黄水出北芬山黄谷,南逕丹水縣南,注于丹水。菊水出西北石澗山芳菊谿,亦言出析谷,東南流,入于湍。”

弘農郡丹水縣:丹水出上雒冢領山,東至析入鈞。

《水經》:“丹水出京兆上洛縣西北冢領山,東南過其縣南,又東南過商縣南,又東南至于丹水縣入于沟。”案:沟、鈞、均,古字通用。

弘農郡上雒縣:又有甲水出秦領山,東南至錫入沔。過郡二,行五百七十里。

《水經注》:“甲水出秦嶺山,東南流,又東逕上庸郡北,又東南逕魏興郡之興晋縣南,又東,右入漢水。”《太平寰宇記》:“上洛縣秦嶺山在縣西南一百里,高九百五十丈。”過弘農、漢中二郡。

漢中郡旬陽縣:北山,旬水所出,南入沔。

《水經注》:“旬水出旬山,又東南逕旬陽縣南注漢。”《華陽國志》:“洵陽縣洵所出。”《太平寰宇記》:“洵水〔六〕,《水經》云:‘北出洵山,東南流逕縣北,至縣東,又南入沔。’”

漢中郡房陵縣:淮山,淮水所出,東至中廬入沔。又有築水,東至築陽,亦入沔。

《續漢志》補注:“《巴漢志》曰:‘維山,維水所出。’”《水經》:“沔水又東過中廬縣東,淮水自房陵淮山東流注之。”案:維,“淮”字之異。應劭曰:“築水出漢中房陵,東入沔。”《水經注》:“沔水又南逕築陽縣東,又南,築水注之。杜預以爲彭水也。水出梁州新城郡魏昌縣界,東逕築陽縣故城南,又東流,注于沔。”《太平寰宇記》:“穀城縣築水在縣南百步。”陸澄《地理志》云:“築水會沔水之處,謂之築口。”

南郡臨沮縣:《禹貢》:南條荆山在東北,漳水所出,東至江陵入陽水，陽水入沔，行六百里。

《説文》："南漳水出南郡臨沮。"《水經》："漳水出臨沮縣東荆山，東南至枝江縣，入于沮。"杜預曰："漳水出新城沶鄉縣，南至荆山東南，經襄陽、南郡當陽縣入沮。"《山海經》："荆山，漳水出焉，而東南注于睢。"案：睢，即"沮"字之異〔七〕。《淮南子》："沮出荆山。"蓋即以漳水爲沮水也。《水經注》："陽水上承江陵縣赤湖，又東入華容縣，又北逕竟陵縣西，又北注于沔。"

南郡華容縣：夏水，首受江，東入沔，行五百里。

《水經》："夏水出江津于江陵縣東南，又東過華容縣南，又東至江夏雲杜縣入于沔。"注："闞駰《十三州記》曰：'江别入沔爲夏水源。'"鄭玄注《尚書》"滄浪之水，言："今謂之夏水，來同，故世變名焉。'"劉澄之著《永初山川記》云："夏水古文以爲滄浪，漁父所歌也。"案：《志》沔水過江夏謂之夏水，入江夏，水又首受江入沔，此即東漢水之正流，《禹貢》所謂滄浪之水也。東京以後，沔水奪入沮水，故《説文解字》《水經》并以沮水爲沔水，而東漢水之正流反晦矣。

廬江郡：廬江出陵陽東南，北入江。

《山海經》："廬江出三天子都，入江彭澤西。"《水經》："廬江水出三天子都，北過彭澤縣西北入于江。"

廬江郡尋陽縣：《禹貢》：九江在南，皆東合爲大江。

劉歆曰："湖漢等九水入彭蠡，故言九江矣。"應劭曰："江自廬江尋陽分爲九。"張揖曰："九江在廬江尋陽縣南，皆東合爲大江。"

豫章郡贛縣：豫章水出西南，北入大江。

《水經注》："豫章水導源東北，流逕南壄縣北，贛川石岨，水急行難，傾波委注六十餘里，又北逕贛縣東，豫章水右會湖漢水。"又云：

"《地理志》曰:'豫章水出贛縣西南,而北入江。'蓋控引衆流,總成一川,雖稱謂有殊,言歸一水矣。故《後漢·郡國志》曰:'贛有豫章水。'雷次宗云:'似因此水爲其地名。雖十川均流而此源最遠,故獨受名焉。'"案:《志》以湖漢爲經流,《水經》以贛水爲經流,皆此水也。

豫章郡雩都縣:湖漢水東至彭澤入江,行千九百八十里。

《水經注》:"湖漢水出雩都縣,導源西北,流逕金雞石,又西北逕贛縣東,西入豫章水。"

長沙國安成縣:廬水,東至廬陵入湖漢。

《水經注》:"《十三州志》稱廬水西出長沙安復縣,東至廬陵入湖漢者也。"

豫章郡宜春縣:南水,東至新淦入湖漢。

《水經注》:"牽水西出宜春縣,牽水又東逕吴平縣,牽水又東逕新淦縣同,而注于豫章水。湖漢及贛并通稱也。"案:牽、南,因字形相近而譌。

豫章郡南城縣:盱水,西北至南昌入湖漢。

《水經注》:"盱水出南城縣,西北流逕南昌縣南,西注贛水。"

豫章郡建成縣:蜀水,東至南昌入湖漢。

《水經注》:"濁水出康樂縣,又東逕望蔡縣,又東逕建成縣,又東至南昌縣,東流入于贛水。"《太平寰宇記》:"高安縣,蜀水在縣北三里。《漢書·地理志》云:'蜀水源出縣内小界山,東流五百九十里,入南昌縣,與郭水合。'"案:郭水,即"贛水",今《志》脱"行五百九十里"六字。

豫章郡餘汗縣:餘水在北,至鄡陽入湖漢。

《水經注》:"餘水東出餘汗縣,北至鄡陽縣注贛水。"

豫章郡鄱陽縣：鄱水，西入湖漢。

《續漢志》："鄱陽有鄱水。"《水經注》："鄱水出鄱陽縣東，西逕其縣南，又西流注于贛。"

豫章郡艾縣：脩水，東北至彭澤入湖漢，行六百六十里。

《水經注》："脩水出艾縣西，東北逕豫寧縣，又東北逕永脩縣，又東北注贛水。"

豫章郡南壄縣：彭水，東入湖漢。

《水經》："贛水出豫章南壄縣。"注："《山海經》曰：'贛水出聶都山，東北流注于江，入彭澤西也。'班固稱南壄縣彭水所發，東入湖漢水。庾仲初謂大庾嶠水，北入豫章，注于江者也。"

丹陽郡石城縣：分江水，首受江，東至餘姚入海。過郡二，行千二百里。

《水經》："沔水與江合流，又東過彭蠡澤，又東至石城縣，分爲二：其一東北流，其一又過毘陵縣北，爲大江，又東至會稽餘姚縣入於海。"案：東至餘姚入海，《説文解字》："江，水。東至會稽山陰爲浙江。"即此分江水也。《水經注》以爲南江，過丹陽、會稽二郡。

丹陽郡陵陽縣：桑欽言：淮水出東南，北入大江。

《水經注》："旋谿水出陵陽山下，逕陵陽縣西。桑欽曰：'淮水出縣之東南，北入大江。其水又北歷蜀由山，左合旋谿而同注南江。'"《元和郡縣志》："上元縣，淮水源出縣南華山，在丹陽、湖孰兩縣界，西北流經秣陵、建康二縣之間，入于江。"

丹陽郡宛陵縣：清水西北至蕪湖入江。

《説文解字》："泠，水。出丹陽宛陵，西北入江。"應劭曰："泠水出丹陽宛陵，西北入江。”案：泠、清，聲相近。

丹陽郡蕪湖縣：中江出西南，東至陽羨入海。

《水經》：“中江在丹陽蕪湖縣西南，東至會稽陽羨入于海。”《太平寰宇記》：“宜興縣荆溪在縣南二十步。《漢志》云：‘中江首受蕪湖，東至陽羨入海。’即此溪也。”宋《景定建康志》：“中江舊逕溧陽縣界，古三江之一，今永陽江一名九陽江，一名潁陽江，在縣西北三十五里，即其遺跡。”

會稽郡毘陵縣：北江在北，東入海。

《續漢志》：“毘陵，北江在北。”《水經》：“北江在毘陵北界，東入于海。”又云：“沔水與江合流，又東至石城縣分爲二，其一東北流，其一又過毘陵縣北爲大江〔八〕。”注：“江即北江也。”

會稽郡吴縣：南江在南，東入海。

《水經注》：“《地理志》曰：‘江水自石城東出，逕吴國南爲南江。’”案：今《志》無此文。

會稽郡太末縣：榖水，東北至錢唐入江〔九〕。

《水經注》：“榖水源西出太末縣，又東入錢唐縣，而左入浙江。”《元和郡縣志》：“須江縣，榖水江在縣東南一里。”

廣陵國江都縣：渠水，首受江，北至射陽入湖。

《水經注》：“中瀆水首受江于廣陵郡之江都縣，舊江水道也。自江東北通射陽湖。《地理志》所謂渠水也。西北至末口入淮。”《續漢志》射陽注有梁湖，《地道記》曰：“有博支湖。”

蜀郡：《禹貢》：“桓水，出蜀山，西南行羌中，入南海。”

《水經》：“桓水出蜀郡岷山，西南行羌中，入于南海。”注：“《尚書・禹貢》：‘和夷底績。’鄭玄曰：‘和讀曰桓。’《地理志》曰：‘桓水出蜀郡蜀山，西南行羌中者也。’”

益州郡來唯縣：勞水，出徼外，東至麋伶入南海。過郡三，行三千五百六十里。

《水經注》：“僕水又東至來唯縣入勞水，水出徼外，東逕其縣，與僕水合，東至交州交趾郡麋泠縣，南流入于海。過益州、越巂、交趾三郡。”

越巂郡青蛉縣：僕水，出徼外，東南至來唯入勞。過郡二，行千八百八十里。

《水經注》：“布僕水出徼外成都西沈黎郡，水從縣西布僕來，分爲二流：其一水南逕越巂邛都縣西，東南至雲南郡之蜻蛉縣入于僕水，又東至來唯縣入勞水。過越巂、益州二郡。”

益州郡葉榆縣：貪水，首受青蛉，南至邪龍入僕，行五百里。

《水經注》：“蜻蛉水出蜻蛉縣西，東逕其縣下，貪水出焉。”又云：“貪水出蜻蛉縣，上承蜻蛉水，逕葉榆縣，又東南至邪龍縣入于僕。”

益州郡秦臧縣：牛蘭山，即水所出，南至雙柏入僕，行八百二十里。

《水經注》：“即水出秦臧縣牛蘭山，南流至雙柏縣東，注僕水。”

益州郡巂唐縣：周水，首受徼外，又有類水，西南至不韋，行六百五十里。

《續漢志・巂唐》補注：“《華陽國志》曰：‘有同水從徼外來。’”案：同，“周”字之譌。《水經注》：“類水出巂唐縣，西南流，曲折，又北流，東至不韋縣，注蘭倉水。”

牂柯郡西隨縣：麋水，西受徼外，東南至麋伶入尚龍谿。過郡二，行千一百六里。

《續漢志》補注:"《地道記》:'麋水西受徼外,東至麋泠入尚龍溪。'"《水經》:"益州葉榆河過不韋縣,入牂柯郡西隨縣北,爲西隨水,又東出進桑關,過交趾麋泠縣北,東入海。"注:"馬援言從麋泠水道出進桑,自西隨至交趾,崇山接險,水路三千里。過牂柯、交阯二郡。"

牂柯郡都夢縣:壺水,東南至麋伶入尚龍溪。過郡二,行千一百六十里。

《水經注》:"劉澄之曰:'沅水自壺頭枝分,跨三十三渡,逕交阯龍編縣,東北入于海。脈水尋梁,乃非關究。"案:《續漢志》:"沅陵有壺頭山。"沅水不應至交阯,故《水經注》以爲疑。疑劉澄之所云者即此壺水,因名近而譌。過牂柯、交阯二郡。

牂柯郡夜郎縣:豚水,東至廣鬱。

《水經注》:"豚水東北流逕談稾縣,東逕牂柯郡且蘭縣,謂之牂柯水,又東南逕毋斂縣,又逕鬱林廣鬱縣爲鬱水。"

鬱林郡廣鬱縣:鬱水,首受夜郎豚水,東至四會入海。過郡四,行千三十里。

《水經注》:"鬱水南自壽泠縣,注于海。《山海經》曰'鬱水出象郡,而東南注南海,入須陵東南'者也。"過牂柯、鬱林、蒼梧、南海四郡。

牂柯郡鐔封縣:温水,東至廣鬱入鬱。過郡二,行五百六十里。

《水經》:"温水出牂柯夜郎縣,又東至鬱林廣鬱縣爲鬱水,又東至領方縣東,與斤南水合,東北入于鬱。"注:"鬱水即夜郎豚水也。"過牂柯、鬱林二郡。

益州郡銅瀨縣談虜山:迷水所出,東至談稾入温。

《續漢志》注:"《地道記》曰:'銅虜山,米水所出。'"《水經注》:"迷水西出益州郡銅瀨縣談虜山，東逕談稾縣，右注温水。”

益州郡俞元縣：池在南，橋水所出，東至毋單入温，行千九百里。

《水經注》：“橋水上承俞元之南池，周四十七里，一名河水，與邪龍分浦。橋水東流到母單縣注于温。”

牂柯郡句町縣：文象水，東至增食入鬱，又有盧唯水、來細水、伐水。

《水經注》：“文象水導源牂柯句町縣，與盧唯水、來細水、伐水并自縣東歷廣鬱，至增食縣。注于鬱水也〔一〇〕。”案：《三國誌・諸葛亮傳》注引作“瀘惟水”，即以爲瀘水也。

鬱林郡領方縣：斤員水入鬱，又有橋水。

宋祁曰：“一作‘斤南水’。”《水經》：“温水又東，至領方縣東與斤南水合，東北入于鬱。”又云：“斤江水出交阯龍編縣，東北至鬱林領方縣，東注于鬱。”注：“《地理志》又云：‘領方縣而有橋水，而字當爲南，南橋水也。蓋書字誤矣。”案：而今本作“又”，“橋”作“墧”。師古曰：“墧，音橋。”皆字之誤。謹案：戴校《水經注》作字當爲“温”，非橋水也。云領方縣有温水，不當又有橋水，“橋”即“温”字之誤。

鬱林郡臨塵縣：朱涯水入領方，有斤員水、侵離水，行七百里。

《水經注》：“朱厓水出臨塵縣，東北流，又東北逕臨塵縣，縣有斤南水、侵離水并逕臨塵東入領方縣，流注鬱水。”又云：“侵黎水出廣州晋興郡，行至臨塵入鬱。”

鬱林郡增食縣：驩水首受牂柯，東界入朱涯水，行五百七十里。

《水經注》：“驩水源上承牂柯水，東逕增食縣，而下注朱厓水。”又云：“牂柯水又東南逕毋斂縣西，又東，驩水出焉。”

鬱林郡:有小谿川水七,并行三千一百一十里。謹案:川水,疑“小水”之譌。

《水經》:“泿水又東至蒼梧猛陵縣爲鬱溪,又東至高要縣爲大水。”注:“鬱水出鬱林之阿林縣,東逕猛陵縣。泿水于縣左合鬱溪。”謹案:此條所引《水經》與《志》無涉,當云有鬱谿也。

武陵郡鐔成縣:玉山,潭水所出,東至阿林入鬱。過郡二〔一一〕,行七百二十里。

《説文解字》:“潭,水。出武陵鐔成玉山,東入鬱林。”《水經注》:“潭水出武陵郡鐔成縣玉山,東流逕鬱林郡潭中縣,又逕中留縣東,阿林縣西,右入鬱水,過武陵、鬱林二郡。”

牂柯郡母斂縣:剛水,東至潭中入潭。

《水經注》:“剛水西出牂柯毋斂縣〔一二〕,東至潭中入潭。

鬱林郡定周縣:周水,首受毋斂,東入潭,行七百九十里。

《水經》:“存水出犍爲郁鄢縣,東南至鬱林定周縣爲周水,又東北至潭中縣注于潭。”注:“周水又東逕牂柯郡之毋斂縣北,而東南與毋斂水合矣。水首受牂柯水,東逕毋斂縣爲毋斂水,又東注于存水。存水又東逕鬱林定周縣爲周水,蓋水變名也。”案:周水自益州巂唐徼外合毋斂水,以同入于潭。

益州郡毋棳縣:橋水,首受橋山,東至中留入潭,過郡四,行三千一百二十里。

《續漢志》補注:“《地道記》曰:‘有橋水出橋山。’”《水經注》:“温水又東南逕興古郡之毋棳縣,東與南橋水合,水出縣之橋山,東流注于温。”又云:“《地理志》曰:‘橋水東至中留入潭。’”又云:“領方縣而有橋水,余診其川流,更無殊津,正是橋温亂流,故兼通稱。作者咸言至中留入潭。潭水又得鬱之兼稱。"案:《志》橋水自益州分爲二:一流逕俞元縣,至毋單入温;一流自毋椵至中留入潭。温、潭、鬱雖互受通稱,而橋水之所入,則有别也。過益州、越嶲、牂柯、鬱林四郡。

益州郡勝休縣:河水,東至毋椵入橋。

《續漢志·勝休》補注:"《南中志》曰:'有大河從廣百四十里,深數十丈。'《地道記》曰:'水東至毋椵入橋水。'"《水經注》:"梁水上承河水于俞元縣,而東南逕興古之勝休縣,又東逕毋椵縣,左注橋水。"案:梁水,亦河水之别名也。

零陵郡零陵縣:又有離水,東南至廣信入鬱林,行九百八十里。

《水經》:"灕水亦出陽海山,南過蒼梧縣、荔浦縣,又南至廣信縣入于鬱水。"注:"灕水與湘水出一山而分源也。"《太平寰宇記》:"湘灕同源,出分爲二水。水在金義嶺上,南流爲灕水,北流爲湘水。"

桂陽郡桂陽縣:洭水,南至四會入鬱林,過郡二,行九百里。

《説文解字》:"洭,水。出桂陽縣盧聚山洭浦關爲桂水。"《水經》:"洭水出桂陽縣盧聚,東南過含洭縣南,出洭浦關爲桂水。"注:"《山海經》謂之湟水,徐廣曰:'湟水一名洭水。'過桂陽、南海二郡。"

桂陽郡臨武縣:秦水,東南至湞陽入洭,行七百里。

《説文解字》:"溱,水。出桂陽臨武,入洭。"《水經》:"溱水出桂陽臨武縣南,繞城西北,屈東流,東至曲江縣安聶邑東屈,西南流,過湞陽縣,出洭浦關,與桂水合,南入于海。"注:"南注于鬱,而入于海。"

合浦郡臨允縣:牢水,北至高要入鬱,過郡三,行五百三十里。

《水經注》:"鬱水又東逕高要縣,牢水注之,水南出交州合浦郡,郡統臨允縣〔一三〕,牢水自縣北流逕高要縣,入于鬱水。"過合浦、南海、蒼梧三郡。

武陵郡鐔成縣：康谷水，南入海。

水無考。謹案：《水經》："泿水出武陵鐔成縣北界沅水谷，至番禺西分爲二，皆南入于海。"疑即此水。"泿""康"形聲并相近。

蒼梧郡猛陵縣：龍山，合水所出，南至布山入海。

《續漢志》補注："《地道記》曰：'龍山，合水所出。'"

九真郡：有小水五十二，并行八千五百六十里。

《水經注》："九德浦内逕越裳究，九德究，南陵究。竺芝《扶南記》：'山溪瀨中謂之究。'《地理志》曰：'郡有小水五十二，并行大川，皆究之謂也。'"

日南郡西捲縣：水入海。

《水經注》："漢武帝元鼎六年開日南郡，治西捲縣。《地理志》曰：'水入海。'《林邑記》曰：'其城治二水之間，三方際山，南北瞰水，東西澗浦流湊城下。'"

日南郡：有小水十六，并行三千一百八十里。

《水經》："容容、夜、綸、湛、乘、牛渚、須無、無濡、營進、皇無、地零、侵黎〔一四〕、無會、重瀨、夫省、無變、由蒲、王都、融、勇外。此皆出日南郡西，東入于海〔一五〕。"

丹陽郡黝縣：漸江水出南蠻中，東入海。

《説文解字》："漸，水。出丹陽黟南蠻中，東入海。"《水經》："漸江水出三天子都，北過餘杭，東入于海。"《山海經》："浙江出三天子都，在蠻東入海。"郭璞曰："《地理志》：'浙江出新安黟縣南蠻中，東入海。'"案："浙"當作"漸"，傳寫之譌。

會稽郡錢唐縣：武林山，武林水所出，東入海，行八百三十里。

《水經注》："縣有武林山，武林水所出也。闞駰曰：'山出錢水，東入海。'《吴地記》言縣唯浙江，今無此水。"

會稽郡上虞縣：柯水東入海。

《水經注》："上虞江東逕周市而注永興。《地理志》曰：'縣有仇亭，柯水東入海。仇亭在縣之東北一十里。'柯水疑即江也。"

會稽郡餘暨縣：蕭山，潘水所出，東入海。

《水經注》："上虞江又東北，逕永興縣東，與浙江合，謂之浦陽江。《地理志》又云：'縣有蕭山，潘水所出，東入海。'又疑是浦陽江之别名也。"案：《吴都賦》劉逵注引作"瀵水"，字之誤。

會稽郡鄞縣：東南有天門水，入海。

趙一清曰："天門水，即縣之廣平湖及大溪是也。"

會稽郡句章縣：渠水東入海。

《水經注》："江水有六谿。六谿裂溉，入江。"全祖望曰："是即所謂渠水者矣。"謹案：戴校《水經注》作"江上有谿六，谿列溉，散入江"。

宿松羅忠濟初校

黟縣黄士陵覆校

陽湖吴翊寅再覆校

**校勘記：**

〔一〕荼陵：疑當作"茶陵"，形近而誤。下同。

〔二〕冢：原作"家"，形近而譌，于義不協，據上文《水經》嶓冢、《漢中記》嶓冢、下文《禹貢》嶓冢改正，下文"故俗以嶓冢"同此。

〔三〕鄭玄:原作"鄭立",形近而譌,于義不協,據常識改。

〔四〕"源"字前原有"也"字,衍文,今删。

〔五〕南鄭:原作"南奠",蓋以形近而譌,據上文"漢中郡南鄭縣"改正。

〔六〕洵水:原作"沟水",形近而譌,今據"旬水出旬山""洵所出"、下文"北出洵山"改。"旬""洵"古今字。

〔七〕睢:原作"瞧",前已見,形近而譌,今據上下文正。

〔八〕過:原作"遇",形近而誤,于義不協。今據上下文義改。

〔九〕穀:《元和郡縣志·江南道》二浙東觀察使衢州下作"穀",水名曰"穀水江",校勘記謂《水經》漸江水注作"穀水"。

〔一〇〕于:原作"干",形近而譌,容易誤導,今據上下文義改。

〔一一〕過:原作"遇",形近而譌,今據上下文義改。

〔一二〕牂:原作"狀",形近而譌,今據本條地名改。

〔一三〕水南出交州合浦郡郡統臨允縣:原無後"郡"字,便難讀,兹據《水經注》卷三十六"郡統臨允縣"補,則怡然理順。

〔一四〕四庫本作"侵離",原注:"案:近刻作'侵黎',下同。"并有注云:"侵離水出廣州晉興郡。郡以太康中分鬱林置,東至臨塵。案:'東'近刻訛作'得'。入鬱。"

〔一五〕四庫本下有注:"案:近刻重一'西'字,又此十一字,原本及近刻并訛作經。今考經文總上二十水見于後,此乃注文體例。"還有注文:"容容水在南垂,名之以次轉北也。"凡十三字。

# 漢志水道疏證卷四

臨海　洪頤煊撰

敦煌郡：正西關外有蒲昌海。

《西域傳》："河有兩源：一出葱嶺山，一出于闐。于闐在南山下，其河北流，與葱嶺河合，東注蒲昌海。蒲昌海一名鹽澤者也，去玉門、陽關三百餘里，廣袤三百里。"《水經注》："河水又東，注于泑澤，即《經》所謂蒲昌海也。水積鄯善之東北，龍城之西南，西接鄯善，東連三沙，爲海之北隘矣。"

張掖郡居延縣：居延澤，在東北，古文以爲流沙。

《山海經》："流沙出鍾山。"《水經》："流沙地在張掖居延縣東北。"注："居延澤在其縣故城北，《尚書》所謂流沙者也。"《元和郡縣志》："張掖縣居延海在縣東北一千六百里。"

武威郡武威縣：休屠澤，在東北，古文以爲豬壄澤。

《水經》："都野澤在武威縣東北。"注："縣在姑臧城北三百里，東北即休屠澤也。古文以爲豬野也。其水上承姑臧武始澤，又東北逕武威縣故城東，一水北入休屠澤，俗謂之爲西海；一水又東逕一百五十里入豬野，世謂之爲東海，通謂之都野矣。"

金城郡臨羌縣：有僊海、鹽池，西有須抵池。

《後漢·西羌傳》:"羌乃去湟中,依西海鹽池左右。"《水經注》:"湟水出塞外,東逕西王母石室石釜,西海鹽池北。故闞駰曰:'其西即湟水之源也。'"案:僊海,即"西海"也,古字通用。

朔方郡朔方縣:金連鹽澤,青鹽澤,皆在南。

《水經注》:"《魏土地記》曰:'縣有大鹽池,漢置典官。鹽池去平城宫千二百里,在新秦之中。'"《元和郡縣志》:"朔方縣城西南有二鹽池,大而青白,青者名曰青鹽,一名戎鹽,入藥分也。"《太平寰宇記》:"靈州青鹽澤。按《漢書》云:'朔方縣青鹽澤在其南。'"

朔方郡窳渾縣:屠申澤,在東。

《水經注》:"河水又北迤西,溢于窳渾縣故城東,其水積而爲屠申澤,東西一百二十里。闞駰謂之窳渾澤矣。"

西河郡穀羅縣:武澤,在西北。

《司馬相如傳》注:"文穎曰:'西河穀羅縣有紫澤,在縣西北。'疑即此澤。"趙一清曰:"武澤本名虎澤,唐人避諱改之。後漢建武二十八年詔南匈奴居西河美稷之虎澤,即此澤也。"

上郡膚施縣:有帝原水。

《水經注》:"帝原水,西北出龜兹縣,東南流,又東南注奢延水,又逕膚施縣南,東入五龍山,自下亦爲通稱也。"

上郡高奴縣:有洧水,肥可爇。

《水經注》:"清水又東逕高奴縣,合豐林水。《地理志》謂之洧水也。"《元和郡縣志》:"膚施縣清水,俗名去斤水。北自金明縣界流入,《地理志》謂之洧水,其肥可然。鮮卑謂洧水爲去斤。"

雁門郡沃陽縣:鹽澤,在東北。

《水經注》:"今鹽池西南去沃陽故城六十五里,池水澂渟,淵而不流,東西三十里,南北二十里。"

雁門郡彊陰縣:諸聞澤,在東北。

澤無考。

太原郡鄔縣:九澤在北,是爲昭餘祁。

《周禮》注:"昭餘祁在鄔。"《水經注》:"汾水于大陵縣左迤爲鄔澤,其陂東西四里,南北一十餘里,陂南接鄔。《地理志》曰:'九澤在北,并州藪也,俗謂之鄔城泊。'"《元和郡縣志》:"介休縣鄔城泊在縣東北二十六里。《周禮》:'并州之藪曰昭餘祁。'即鄔城泊也。"

河東郡安邑縣:鹽池,在西南。

《續漢志》:"安邑有鹽池。"補注:"《雒陽記》曰:'河東鹽池長七十里,廣七里。'"《説文解字》:"河東鹽池袤五十一里,廣七里,周百一十六里。"《水經注》:"城南有鹽池。今池水東西七十里,南北十七里。池西又有一池,謂之女鹽澤,東西二十五里,南北二十里。在猗氏故城南。"

右扶風盩厔縣:靈軹渠,武帝穿也。

《溝洫志》:"關中靈軹、成國、漳渠引諸川。"如淳曰:"《地理志》:'盩厔有靈軹渠。'"

河南郡滎陽縣:卞水,馮池,皆在西南。

《後漢書》:"永平十二年夏四月,遣將作謁者王吴修汴渠,自滎陽至于千乘海口。"注:"汴渠即莨蕩渠也。"案:《志》:"卞水不與狼蕩渠通也。"《水經注》:"礫磎水出滎陽城西南李澤,澤中有水,即古馮池也。"

河南郡中牟縣：圃田澤，在西。

《周禮》注："圃田在中牟。"《水經注》："澤在中牟縣，西限長城，東極官渡，北佩渠水，東西四十許里，南北二百許里，中有沙岡，上下二十四浦，津流逕通，淵潭相接，各有名焉。"《元和郡縣志》："中牟縣圃田澤一名原圃，在縣西北七里。"

河南郡開封縣：逢池，在東北，或曰宋之逢澤也。

臣瓚曰：《汲郡古文》："'梁惠王發逢忌之藪以賜民。'今浚儀有逢陂、忌澤是也。"《水經注》："池水上承役水于苑陵縣，别爲魯溝，東南流逕開封縣故城北。魯溝南際富城東南入百尺陂〔一〕，即古之逢澤也。"《括地志》："逢澤亦名逢池，在汴州浚儀縣東南十四里。"

鉅鹿郡鉅鹿縣：《禹貢》：大陸澤，在北。

《尚書》鄭注："大陸，澤名，在鉅鹿北。"《爾雅》："晋有大陸。"郭璞曰："今鉅鹿北廣阿澤是也。"《吕氏春秋》："趙之鉅鹿。"高誘曰："廣阿澤也。"《元和郡縣志》："鉅鹿縣大陸澤在縣西北，東西二十里，南北三十里。昭慶縣廣阿澤在縣東二十五里。"案：大陸、廣阿、鉅鹿，皆一澤之别名也。

濟陰郡：《禹貢》：荷澤，在定陶東。

《水經》："荷澤在定陶縣東。"又云："荷水又東過湖陸縣南，東入于泗水。"注："澤所鍾也。"杜佑《通典》曰："菏澤在曹州濟陰縣東北九十里，故定陶城東北。"

濟陰郡成陽縣：《禹貢》：雷澤，在西北。

《周禮》注："雷夏在成陽。"《水經》："雷澤在濟陰成陽縣西北。"注："瓠河又左逕雷澤北。其澤藪在大成陽縣故城西北一十餘里，其陂東西二十餘里，南北一十五里，即舜所漁也。"《元和郡縣志》："雷澤縣雷夏澤在縣北郭外。"

山陽郡鉅野縣〔二〕:大野澤,在北。

《周禮》注:"大野在鉅野。"《水經》:"大野澤在山陽鉅野縣東北。"注:"何承天曰:'鉅野湖澤廣大,南通淮泗,北連清濟,舊縣故城正在澤中。'"《元和郡縣志》:"鉅野縣大野澤一名鉅野,在縣東五里,南北三百里,東西百餘里。"

梁國睢陽縣:《禹貢》:盟諸澤,在東北。

《周禮》:"青州澤藪曰望諸。"注:"望諸,明都也。在睢陽。"《水經》:"明都澤在梁郡睢陽縣東北。"注:"《尚書》:'導菏澤,被孟豬。'孟豬在睢陽縣之東北。闞駰《十三州記》曰:'不言入而言被者,明不常入也。水盛方得覆被矣。澤水淼漫,俱鍾睢泗。'"《元和郡縣志》:"睢陽縣孟諸澤在縣西北十里,周迴五十里。"

琅邪郡長廣縣:奚養澤,在西。

《周禮》注:"貕養在長廣。"《元和郡縣志》:"昌陽縣奚養澤在縣西北四十里。"

武都郡武都縣:天池大澤,在縣西。

《華陽國志》:"武都縣,東漢水所出,有天池澤。"《水經注》:"天池大澤在西,故以都爲目矣。常璩、范曄云〔三〕:'郡居河池,一名仇池,池方百頃。即指此也。'"《元和郡縣志》:"丹嶺縣湫池在縣西八十里,通彌山中,周迴百餘里,蓋古之天池大澤,白水之源,蓋出此也。"

越巂郡邛都縣:有邛池澤。

《水經注》:"邛都縣,漢武帝開邛筰置之,縣陷爲池,今因名爲邛池,南人謂之河。"《續漢志》注:"《南中志》曰:'邛都縣東南數里有水名邛,廣都河從廣三十里，深百餘丈。'"

越嶲郡定莋縣：步北澤在南。

澤無考。

越嶲郡姑復縣：臨池澤在南。

《水經注》："淹水逕縣之臨池澤。"《續漢志》注："《地道記》：'鹽池澤在南。'"案：臨，"鹽"字之誤。

越嶲郡青蛉縣：臨池灊在北。

趙一清曰："灊即澤也。二縣地界以此而分。"

益州郡滇池縣：大澤在西，滇池澤在西北。

《水經注》："温水又西會大澤，與葉榆僕水合。"《續漢志》："滇池有池澤。"補注："《南中志》曰：'池周二百五十里。'"《説文解字》："滇，益州池名。"《水經注》："温水又西南逕滇池，池在縣西北，周三百許里。上源深廣，下流淺狹，似如倒流，故曰滇池也。"

益州郡葉渝縣：葉榆澤在東。

《水經》："益州葉榆河出其縣北界。"注："縣之東有葉榆澤。葉榆水所鍾而爲此川藪也。"

巴郡閬中縣〔四〕：彭道將池在南，彭道魚池在西南。

《續漢志》補注："《巴漢志》曰：'閬中有彭池大澤。'"《太平寰宇記》："閬中縣彭道將池，《郡國志》云：'彭道魚池在州西南。'《四夷述》云：'州東南池，東西二里，南北約五里。州城西南有郭池，周約五十畝。'二池與《漢志》注相符。"

巴郡安漢縣：是魚池在南。

池無考。

南郡華容縣:雲夢澤在南。

《周禮》注:"雲瞢在華容。"《爾雅》:"楚有雲夢。"郭璞曰:"巴邱湖是也。"《水經》:"雲夢澤在南郡華容縣之東。"注:"自州陵東界逕于雲、杜、沌陽爲雲夢之藪矣。"

廬江郡湖陵邑:北湖在南。

案:《下吴分壄》云:"壽春、合肥受南北湖,其地與湖陵相近。"全祖望曰:"北湖即樅陽湖,與丹陽郡溧陽縣之南湖隔江對岸。"未知其審。

豫章郡彭澤縣:《禹貢》:彭蠡澤在南。

《續漢志》:"彭澤彭蠡澤在西。"《水經》:"彭蠡澤在豫章彭澤縣西北。"又云:"沔水與江合流,又東過彭蠡澤。"注:"《尚書·禹貢》:'匯澤也。'鄭玄曰:'漢與江鬭轉東,成其澤矣。'"《括地志》:"彭蠡湖在江州潯陽縣東南五十二里。"

豫章郡歷陵縣:傅易川在南,古文以爲敷淺原。

《水經》:"敷淺原,地在豫章歷陵縣南。"杜佑《通典》:"江州潯陽縣有蒲塘驛,即漢歷陵縣也。驛前有敷淺原。西數十里有敷陽山。"《太平寰宇記》:"德安縣敷淺水即《尚書》敷淺源也,常流不絶,色頗清泠。其源乃接瑞昌縣及鄂州永興界,屈曲餘二百里,方至縣。"

會稽郡吴縣:具區澤在西,古文以爲震澤。

《山海經》:"浮玉之山,北望具區。"郭璞曰:"具區,今吴縣西南太湖也。《尚書》謂之震澤。"《周禮》注:"具區五湖在吴南。"《水經》:"震澤在吴縣南五十里。"注:"《尚書》謂之震澤,《爾雅》以爲具區,方員五百里。"

《元和郡縣志》:"吴縣太湖在縣西南五十里,《禹貢》謂之震澤,《周禮》謂之具區。"《太平寰宇記》:"澤縱廣二百八十三里,周迴三萬七千頃,連接四郡界,入于海。"

宿松羅忠濟初校

黟縣黄士陵覆校

陽湖吴翊寅再覆校

**校勘記:**

〔一〕入:原作"八",形近而譌,兹據文淵閣《四庫全書》本、陳橋驛《水經注校證》本改。

〔二〕鉅野:原作"鉅壄",是因"野"字俗譌字作"壄"形近而譌,下"大野澤"同,今爲免誤讀,改爲通行正體字。

〔三〕曄:原作"曄"缺末筆避清康熙皇帝玄燁諱,今回改。

〔四〕閬:原作"閩",形近而譌,下同。今並據地名改正。

# 校點本《漢志水道疏證》跋

此本《漢志水道疏證》做完校點，交稿已經數年。前不久接到通知稱此書將付諸出版，要我再通讀全書，再作統一校訂。乃于帶領廣文書院學生作浙東文化考察諸事纏身中掙脱數日，予以校訂。經過仔細校讀，對于當時句讀及存有疑問文字等重新疏理，修改部分原先未統一格式之條目；調整部分句讀切分，使之更加合理；對于校勘上存疑而未作校勘記説明者均據有關上下文義、版本等寫出校勘記；對于原先省略原書中有關著者、校字（今稱爲校對）者均予以補足；補上校點説明，交代著者身世及此書寫作等重要信息。

此番校訂工作爲時雖促，而感受頗深。學無止境，整理古籍同樣如此，回顧舊作校點，亦有不少值得深入玩味之處，句讀其可忽乎哉？句讀者，小學生之基本功也。昔日讀某知名學者談治學經驗時説："我到老都在做小學生功夫。"余有味于斯言，因以爲結。

校點者

歲在庚子小暑後六日

**圖書在版編目(CIP)數據**

漢志水道疏證 /（清）洪頤煊著；胡正武校點. —
杭州：浙江大學出版社，2021.1
ISBN 978-7-308-21017-1

Ⅰ.①漢… Ⅱ.①洪…②胡… Ⅲ.①古水道—歷史
地理—中國②水利史—史料—中國 Ⅳ.①K928.4
②TV—092

中國版本圖書館 CIP 數據核字(2021)第 002042 號

**漢志水道疏證**

（清）洪頤煊 著 胡正武 校點

| | |
|---|---|
| **責任編輯** | 王 晴 |
| **責任校對** | 虞雪芬 |
| **封面設計** | 沈玉蓮 |
| **出版發行** | 浙江大學出版社<br>（杭州市天目山路 148 號 郵政編碼 310007）<br>（網址：http://www.zjupress.com） |
| **排 版** | 浙江時代出版服務有限公司 |
| **印 刷** | 浙江印刷集团有限公司 |
| **開 本** | 710mm×1000mm 1/16 |
| **印 張** | 5.75 |
| **字 數** | 120 千 |
| **版 印 次** | 2021 年 1 月第 1 版 2021 年 1 月第 1 次印刷 |
| **書 號** | ISBN 978-7-308-21017-1 |
| **定 價** | 38.00 元 |